老後資産の一番安全な運用方法
シニア投資入門

西崎 努
シニア投資コンサルタント
独立系フィナンシャルアドバイザー

アスコム

長い第二の人生、お金の**心配なんてしたくない。**

大事に貯めてきた貯蓄が、ただ**減っていくのは怖い。**

資産運用はややこしくて、**正解がわからない。**

銀行や証券会社の提案が、**いまいち信用できない。**

何よりも、資産を減らさず**安定した運用収入がほしい。**

そんなあなたのための運用術が

「シニア投資」です。

シニアに不向きな投資

高コスト投資信託、ファンドラップ、変額年金保険など	商品
信託報酬などで年に数%の手数料がかかる	コスト
現金化しづらい、途中換金に費用がかかる	流動性
相場次第で大きく儲かることも損することもある	値動き
金融機関の窓口や担当者など、セールスのプロから商品を買う	窓口

	シニア投資
商品	債券がメイン。ただし、 複雑な仕組みの商品は買わない
コスト	運用中のコストは 「最大でも」年１％以下
流動性	いざ必要なときに、 すぐ現金化できる
値動き	相場に関係なく安定した利息を得る。 短期で儲けを狙わない
窓口	運用もライフプランも考慮できる アドバイザーに選択肢を提案させる

シニア投資
5つのポイント

1. 値動きを小さくする
2. 複雑な商品は買わない
3. 運用コストを1%以下に
4. 現金化しやすくする
5. 金融機関に任せない

詳しくは本編の
第1章で解説しています。

5つのポイントを押さえれば…

①

大事に築いてきた

資産を減らさず

②

定期的に

運用益を得ながら

③

計画的に

お金を使える

⇓

急な出費のリスクや貯蓄を取り崩す

不安が

グッと小さくなる！

「シニア投資」が
安全・堅実なのは
債券投資がメインだから

＜知っていますか？債券の仕組み＞

- 基本的に元本はそのまま返ってくる
- 決まった利息を決まった時期にもらえる
- 運用中の手数料はゼロ
- 景気や相場の変動による値動きが少ない

詳しくは本編の
第２章で解説しています。

債券は
「減らさず使う運用」
に最適

< 債券メインの運用イメージ >

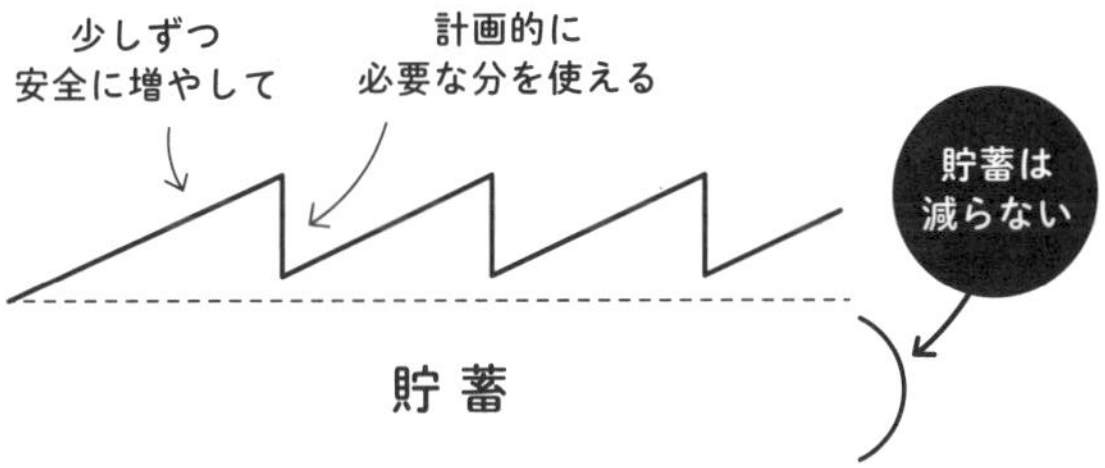

少しずつ
安全に増やして
計画的に
必要な分を使える
貯蓄は
減らない
貯蓄

< 株式メインの運用イメージ >

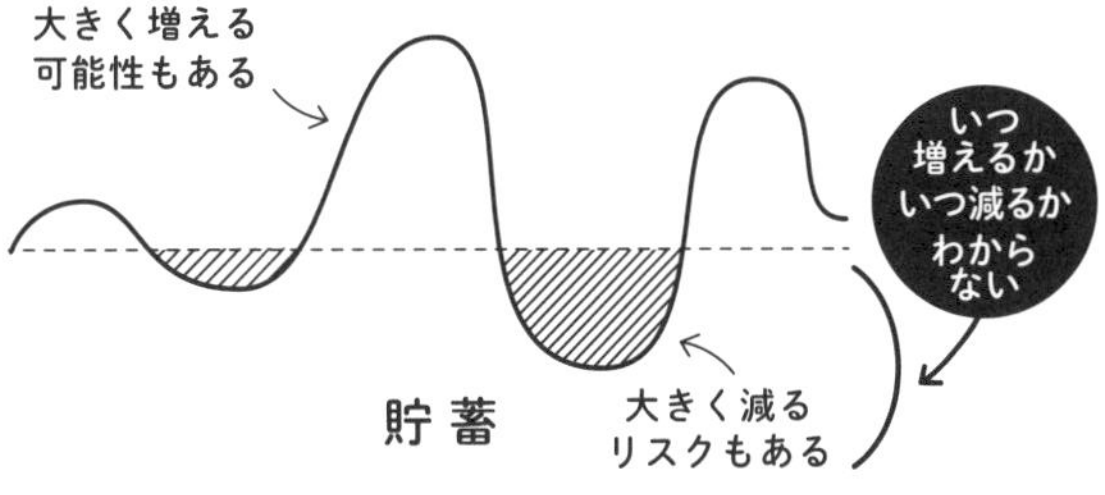

大きく増える
可能性もある
いつ
増えるか
いつ減るか
わから
ない
大きく減る
リスクもある
貯蓄

「シニア投資」で運用を
見直した人たちからは、
こんな声が届いています

株中心の投資からシニア投資に切り替えたことで、値動きの心配がなくなりました。それなのに、毎年の利益も株の配当0.8％から債券の金利4％に増えて嬉しいです。

これまでの株や投資信託での運用では、大きく儲かることもありましたが、逆に大きく減ることもあって精神的な負担になっていました。シニア投資を始めて、必要なだけの利益を目指し、無用なリスクをとらないようにすることの大切さがよくわかりました。

シニア投資を始めて、投資信託を何本も持っていたときの「値下がりするかも」という不安がなくなりました。しかも、毎年300万円も運用コストがかかっていたとは知らず、それを一気にゼロにできたことも本当によかった。

これまで証券会社に勧められた商品を買ってきたのですが、何にいくら投資しているのかよくわからず、多額の含み損も出ていました。シニア投資にしてややこしい仕組みの商品を手放し、シンプルな商品で年間3%の利益が出ているので満足しています。

実例については本編の
第４章で詳しく解説しています。

この本で紹介する
「シニア投資」のような運用は、
銀行や証券会社では、まず提案されません。

なぜか？

金融機関が売りたい商品と
あなたに必要な商品は違うからです。

投資家1500人に聞いた
金融機関の評価

＜相手の会社の都合が優先されていると感じるときがある＞

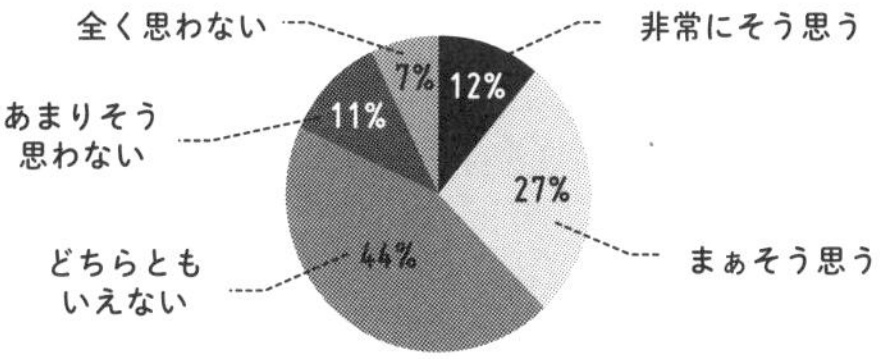

＜全てを任せるには不安がある＞

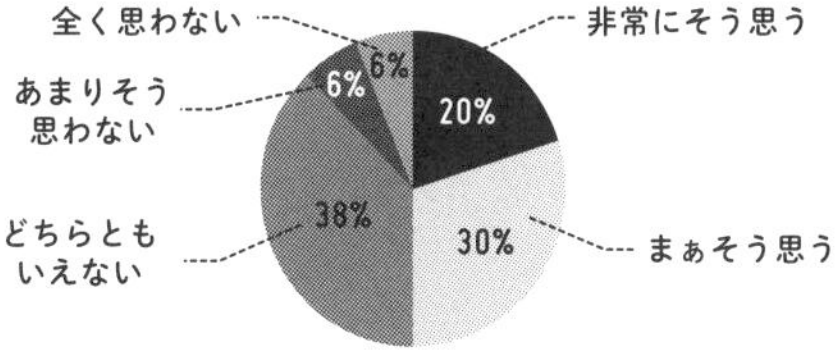

＜商品提案の時だけ連絡してくる＞

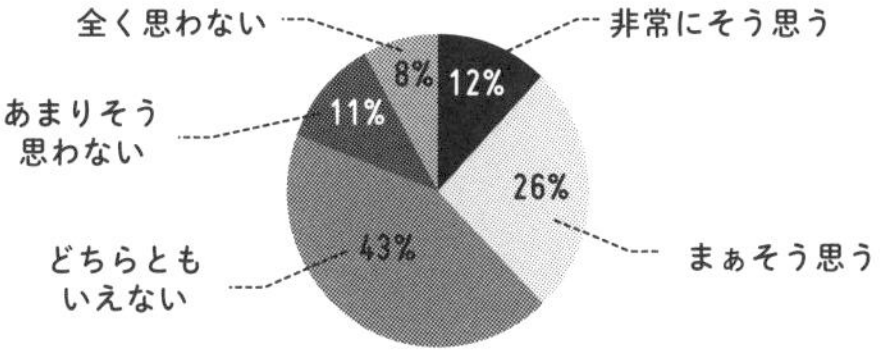

※リーファス株式会社調べ（2021年8月）
50～79際の全国の男女1,500人を対象に、インターネットでアンケートを実施。

この本を読んでいただければ、
次のような知識が身につきます。

- 現役世代の資産形成とシニア世代の資産運用の違い
- 老後資産を減らさず使うためのポイント
- 債券投資の魅力とやり方
- 買ってはいけない金融商品
- 金融機関との賢い付き合い方
- シニア投資を実践している人の実例

まだまだ長い人生。
「お金の不安」を
スッキリ解消するために
ぜひ本書を活用してください。

はじめに

本書を手にとってくださり、ありがとうございます。

自己紹介が遅くなりました。私は独立系フィナンシャルアドバイザー、そしてシニア投資コンサルタントの西崎努です。

私の会社には、日々たくさんの方がご相談にいらっしゃいます。特に多いのはリタイアを見据える50～60代、あるいはすでに第二の人生を歩んでいらっしゃる70代以上の方です。

多くの場合、それぞれお付き合いのある銀行や証券会社で資産を運用した経験があり、不満や疑問を抱えています。

よくある相談は次のようなものです。あなたにも思い当たるところがあるかもしれません。

「銀行の担当者に勧められて買った投資信託が値下がりしてしまった」
「暴落した商品を売りたいと相談しても、大丈夫と言われるだけで含み損が膨らみ続けている」
「運用の見直しを相談に行っても、転勤などで担当者が代わってしまって、その都度、相談がゼロからやり直しになる」
「退職金を預けた途端に連絡が来て、投資を勧められるが本当にやっていいのかわからない」

お金を預けている金融機関や担当者の対応に不満を持つ人も非常に多いのですが、そういうケースではだいたい運用状況もよくありません。

一見すると利益が出ているものの、実は運用コストのほうが高く、トータルでは運用するほど損失が出ている。

定期的な分配金をもらって安心していたら、ただ元本を取り崩して分配されているだけだった。

値上がりが期待できると言われる人気商品を買ったら、途端に大暴落した。

このような、買ったときには想像もしていなかった「隠れリスク」「隠れコスト」に苦しんでいる人は決して少なくありません。何百万、何千万と損失が出ていたケースも多々あります。


なぜこんなことが起きてしまうのでしょうか。

それは、シニア世代の投資家に適切な運用方法が提案されないからです。

詳しくは本編で解説しますが、これから資産を築いていく現役世代と、貯蓄や退職金などで資産を築いてきたシニア世代とでは、ニーズも、投資の考え方も、最適な金融商品もまったく違います。


私のお客様の多くは、ガンガン儲けることは望んでいません。大事な資産を減らさない安心を求めています。

ならばリスクや無駄なコストを排除すべきですが、いつの間にか「隠れリスク」「隠れコスト」を背負わされているケースが後を絶たないのです。

だから私は、本当に提案されるべき運用方法を知っていただくために、あえて「シニア投資」と名付けて情報発信を続けているのです。

コロナ禍を経て、私たちの将来はますます不透明になりました。〝コロナ以前〟には想像もしなかったようなリスクが突如として襲いかかってくることを、多くの人が痛感したのではないでしょうか。

激変する世の中を目の当たりにして、私はシニア世代の資産を減らさない「シニア投資」の重要性をさらに強く実感しています。そこで以前に上梓した書籍を一部改訂・加筆して、あらためて世に出したのが本書です。

そもそも私が「シニア投資」の考え方に至ったのには、日本の金融機関が行う資産運用の提案に大きな矛盾があります。ここで、元証券マンの実体験に少しだけお付き合いください。

私はもともと、大手証券会社に勤めていました。個人のお客様向けの営業として、それなりに良い結果も出せていました。ところが、順風満帆だと思っていた矢先に、とてもショックな出来事があり、考え方が大きく変わります。

ある日、私が過去に担当していたお客様（仮にAさんとしましょう）と偶然お会いする機会がありました。そのとき私はすでに転勤していたので、Aさんの担当はすでに別の社員に引き継いでいました。

「お久しぶりですね！その後はお変わりないですか？」

なんてのんきに喜んでいると、Aさんはこんなことを言いました。

「そちらに預けているお金ね、君が担当だった頃はよかったんだけど……。実は君が転勤したあとはいろいろあってね。取引を全部、他社に移すことにしたんだ。申し訳ないね」

大きな金融機関に勤めていれば、転勤は当たり前のことです。事情も当然、理解しています。でも私にとっては、目の前にいるAさんをガッカリさせてしまったことが、とにかくショックでした。

実は他のお客様にも、転勤時に「また担当が代わるのか」とガッカリされたことがあります。

こんなことで、本当にお客様のための仕事ができるのだろうか？そんな疑問が湧きました。

実際、定期的な転勤で担当が代わる仕組みは、「顧客目線」を遠ざけてしまいます。なぜなら責任感が薄れるからです。自分の提案でお客様が損しようと、担当を外れてしまえばそれまでです。

今、営業として数字があがればいい。数年後の運用結果なんてどうせわからない。

そもそも投資はお客様の自己責任であって、買わせているわけじゃない。

そんな気持ちがはたらいてしまうのでは、と考えるのは、うがった見方でしょうか？

私自身、常にお客様のためにと思ってやってきたものの、結局はAさんのためにはなりませんでした。ならば大手金融機関の仕組みから出るしかない。そうして独立し、起業に至ったのです。

残念ながら、大手金融機関では、口座に多額の預貯金を持つシニア世代は、格好の営業ターゲットになってしまいます。言葉を選ばずに言えば、「カモ」にされています。

もちろんすべてがそうだとは言いません。しかし投資家の側がカモにされないように備えておくことは必要です。

この本がその一助になるなら、著者としてこれほど嬉しいことはありません。

第1章

今ある資産を減らさず自由に使えるのがシニア投資

第2章 安定、シンプル、低コスト。シニア投資に最適な金融商品は「債券」

第3章 おすすめ商品、人気商品は罠だらけ。金融機関の提案が要注意な理由

第4章 無駄を徹底カット、安定度は劇的アップ。シニア投資の実践例

第5章　金融機関にお任せはもう終わり。今投資家の支持を集めるIFAとは

第1章

今ある資産を減らさず自由に使えるのがシニア投資

リタイア期前後からの投資は、これから資産を作っていく若い世代の投資とは大きく異なります。これまでの貯蓄や退職金、相続財産など手元にあるまとまったお金を堅実に運用し、必要なタイミングで使う。そんなシニア投資の鉄則をわかりやすくお伝えします。

シニア投資5つの鉄則

○大切なお金を長生きさせるために

リタイア後の大きな心配事は、健康とお金です。

みなさんも健康維持のために、体調を管理し、適度な運動をしたりしているかもしれません。若い頃とは体への気の使い方も変わってきます。

ではお金はどうでしょうか。お金も同じように、しっかりと管理して、適度な「運用」で、できるだけ長く維持していきたいですよね。健康もお金も、その年代なりの維持の仕方があります。まずは簡単に、シニア投資の鉄則から見ていきましょう。

鉄則1——値上がりで儲けようとしない

投資において、精神的な安心というのは案外、大事です。

投資行動は心の動揺に大きく左右されてしまいます。例えば株式や株式を中心とした投資信託は、価格が大きく変動することも珍しくありません。想定以上に値下がりが激しくなると、早く売ったほうがいいのではないかと不安になります。あるいは、どうにか別の手段で損失を取り戻さないといけないと焦ってしまいがちです。

もちろん、投資するときは誰しもうまくいくと判断して買うわけですが、**いざ想定外の動きが起こると、そのストレスに勝てず、理屈ではわかっていても、感情で判断を誤ってしまうことがよくあります。**

そうして**売ったり買ったり、ジタバタするのが大失敗のもと**です。

運用のプロであっても、投資で的確に売り抜けたり、損切りしたり、乗り換えたりするのは困難です。個人の投資家が行うことは現実的ではありません。

積み立て投資などで資産形成をしている若い世代であれば、生活費を働いて稼ぎ、長期間かけて投資した資産が元の価格に戻るのを待つこともできます。しかし、シニ

「シニア投資」5つの鉄則

鉄則1｜値上がりで儲けようとしない

鉄則2｜仕組みが理解しにくい商品は買わない

鉄則3｜運用コストは最大でも年1%以下に抑える

鉄則4｜現金化するタイミングを決めておく

鉄則5｜1つの金融機関だけに頼らない

ア世代でまとまった資金を投資している場合はそれもできません。ですから、そもそもハラハラ・ドキドキするような商品は避けるべきなのです。

鉄則2――仕組みが理解しにくい商品は買わない

仕組みがわかりにくい商品を買うことや、いくつもの商品を同時に買うことは避けましょう。複雑な仕組みの投資信託や、投資信託を投資家のニーズに合わせてパッケージ化した「ファンドラップ」のうち、コストが高いものには投資しなくてもいいと思います。なぜなら人はどうしても年数が経つにつれて、運用の状況が把握できなくなるからです。

例えば体調を管理するときも、体脂肪率や血糖値などを把握していないと、何を食べてどんな運動をすればいいのかわかりません。ところがお金に関しては、実際に**投資をされている高齢者の多くが、「自分が何に投資していて、このまま続けていいのか、もう投資をやめたほうがいいのか」わからなくなっています。**

シニア投資はシンプルに！

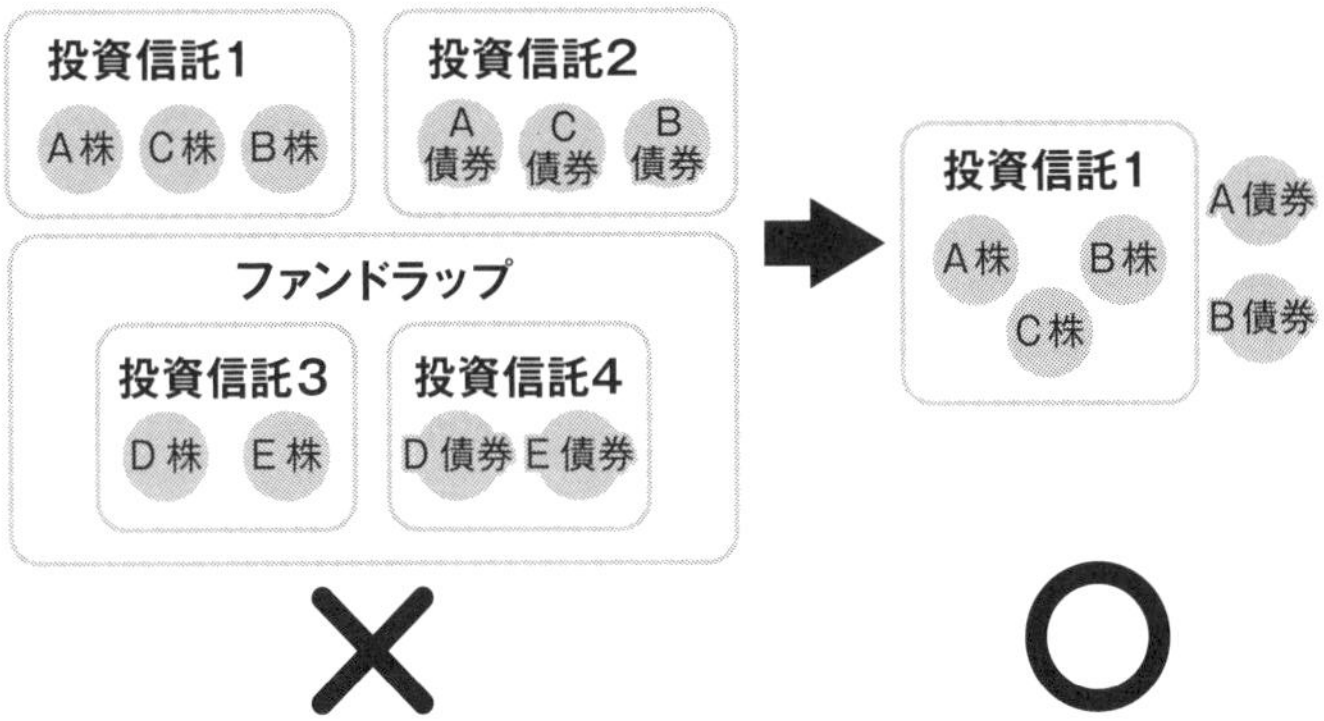

例えば、インデックス型を除けば日本で一番（２０２１年8月26日時点）売れている「ＡＢ・米国成長株投信Ｄコース（Ｈ無）予想分配金」は、その特色として「成長の可能性が高いと判断される米国普通株式に投資する」とあります。具体的に上位組入れ銘柄には、Ｇｏｏｇｌｅを展開するアルファベット（７・９％）、マイクロソフト（７・８％）、アマゾン・ドット・コム（６・３％）、フェイスブック（５・７％）、ＶＩＳＡ（５・２％）などと並びます（２０２１年7月30日時点、投資信託の運用報告書より）。

名前は誰もが聞いたことがある銘柄が並んでいます。しかし、なぜこの銘柄が選ばれているのか、ベンチマーク（比較対象とする株式指数）のS&P500に投資するよりもなぜこの投資信託がいいと思ったのか、プロに任せるための高い手数料を支払うメリットがあるのか、などを説明できる人はごくわずかです。

投資がよくわからないという人向けに、プロがその人のやりたい投資を代わりに実行してくれるというのが投資信託のメリットの一つとされます。しかし、その本人にとって適切な投資かどうかまでは判断してくれないので、**実は自分には合っていない投資だったという可能性もあります。**商品の設計が複雑なほどそのことに気づきにくくなります。**いつの間にか大切な資産を失ってしまう恐れもある**のです。

鉄則3 ── 運用コストは最大でも年1％以下に抑える

年間の運用コストがどれだけかかっているかは、必ずチェックしてください。

金融機関でよく提案される投資信託やファンドラップは、「コスト負け」を起こす

コストが高い金融商品はシニア投資には不向き

高コスト投資信託

購入時の販売手数料のほか、保有中は信託報酬、銘柄の売買手数料、監査費用などがかかる

ファンドラップ

投資信託の購入コストはないが、毎年2％程度のコスト（投資一任手数料）がかかる

変額年金保険

外貨で受け取る売却代金や満期金、保険金などを円に換える際に手数料がかかる

可能性があります。例えば、**買ったときの価格より３％値上がりしたとしても、運用コストが５％かかっていたら運用収支はマイナス**です。これがコスト負けの状態です。

投資信託は購入時にかかる販売手数料に加えて、保有期間中はずっと信託報酬（運用に対して支払う年間費用）がかかります。ところが運用利益が出ていると、うまくいっていると錯覚してしまいがちです。そんな商品を何本も買うと、コストはかさむばかり。**何年も運用をした結果、運用利益はトータル５％にも満たないのに、支払ったコストが10％以上もかかっているような状態の人が多くいます。**

鉄則４ ── 現金化するタイミングを決めておく

「シニア投資」では、いざというとき、すぐに現金に戻せる状態が理想です。

貯蓄や退職金、年金など、老後資金は人生を最後まで安心して暮らすための大切なお金です。必要なときに現金にすることができなかったり、大きく減っていたりしては元も子もありません。

定年後でも、意外と百万円単位のまとまったお金が必要になることがあります。マイホームを持っていれば内装設備や外壁塗装のリフォームなどがありますし、介護施設や高齢者住宅への入居にお金が必要になることもあります。いつ病気や怪我をするかわかりませんし、子どもの結婚や出産で援助が必要になるかもしれません。

ライフイベントは人それぞれですが、90歳くらいまでの資金計画を考えてみるとよいでしょう。現役のときと違って収入が増えることがないなら、**今の資産を大きく増やそうとして無理をするより、なるべく減らさないことのほうが大切です。**5年単位くらいで大きな支出がある可能性も考えておくべきです。

そうなると、**値動きが大きい商品や、10～20年単位の長期投資が前提の投資方法はシニア投資には不向きです。**

鉄則5——1つの金融機関だけに頼らない

一般的に投資の一番身近な相談相手は、銀行や証券会社の窓口、そして営業担当者です。ところが近年、金融機関に対しての不信感が広がっています。

金融庁が2019年4月9日に発表した資料では、担当者に相談して商品を買うという人は39%です。**なぜ相談しないかというアンケートの上位は「必要ないものを勧められる」「金融機関が売りたい商品を勧められる」**となっています。

一方で、投資信託協会が発表した2020年度のアンケートを見ると、金融機関に勧められて投資信託を買ったという人が40・0%、しかも高年齢層ほど、割合が高くなっています。50代が36・3%、60代が52・1%、70代が61・5%です。

これらのデータを見る限り、**若い人ほど金融機関を頼らず、年齢が高い人ほどいま**

高齢者ほど金融機関の勧めで投資信託を買っている

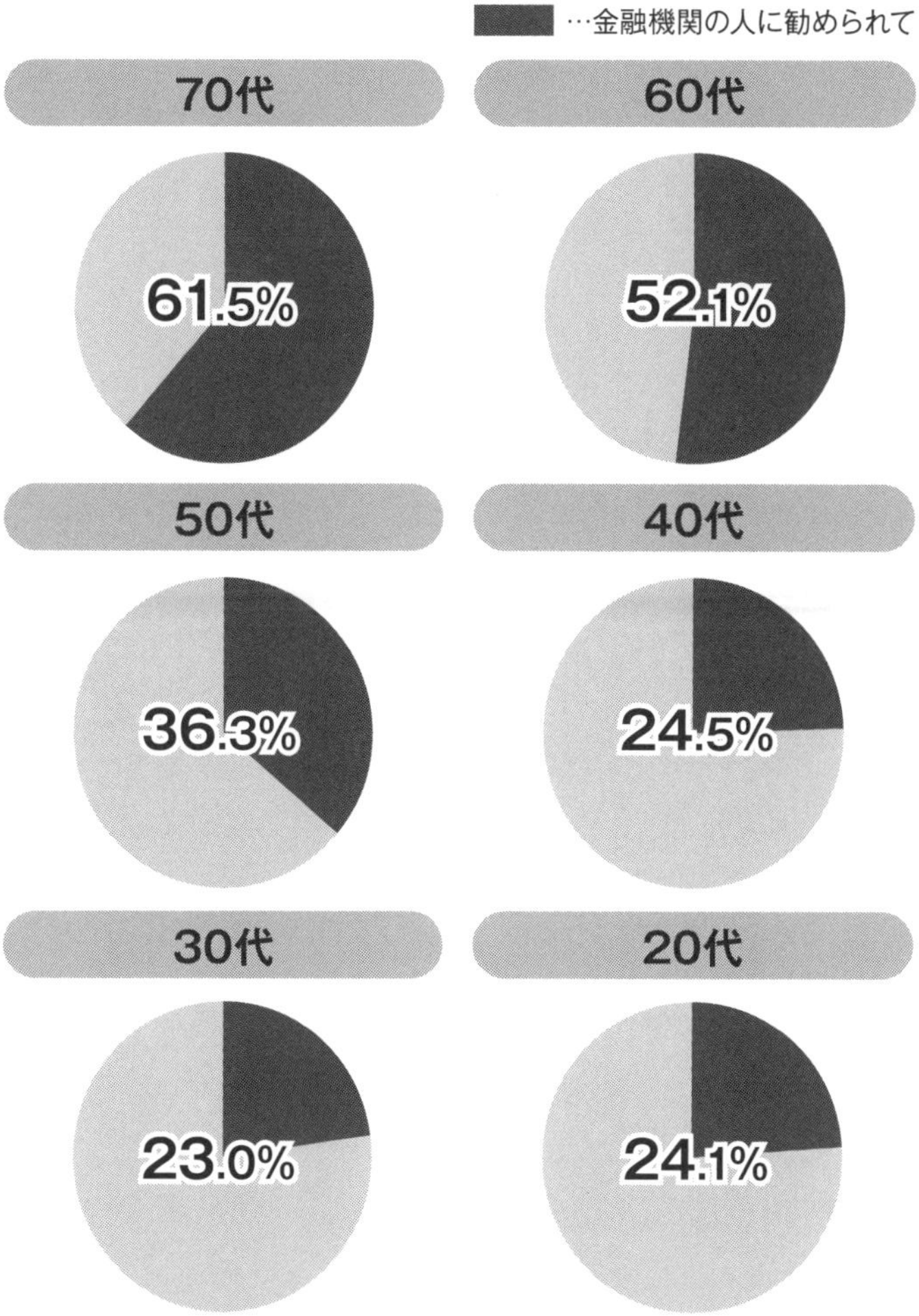

※投資信託協会「投資信託に関するアンケート調査報告書」(2020年度)

だに金融機関を信用しているように思えます。

これは端的に言って、金融リテラシーの差によると思われます。若い年代はインターネットで様々な情報を仕入れて、各社の商品を比較したりしています。ネットの情報がすべて正しいわけではありませんが、**金融機関の営業担当者が自社の商品販売の予算に沿って提案をしている可能性があることは事実**です。

ですから、**最初は金融機関の窓口に相談するとしても、提案された内容については第三者の意見を聞く**ことをお勧めします。

医療の世界では、主治医の診断に対して別の病院でセカンドオピニオンを取るのが一般的になってきています。それと同じように、付き合いの長い担当者が勧めてくれた商品だとしても、別の視点で検証することはとても大切です。

お金は命の次に大事なもの。ましてや、貴重な老後資金を投資に回そうというのであれば、なおさらセカンドオピニオンを取るべきではないでしょうか。

シニア投資と一般の投資はまったく違う！

○なぜシニア投資が必要なの？

あえて「シニア投資」と言っているのは、**一般によくいう投資と、定年前後から老後を見据えた投資とでは、その目的も手法もまるで違う**からです。ところが、今よくある投資の話題は、この違いを無視しています。

ではシニア投資とその他の投資がどう違うのか、わかりやすく説明します。

投資は、大きく「資産形成」のための投資と「資産運用・管理」のための投資に分けられます。このうち**「資産運用・管理」のための投資が、シニア投資です。**

【これから資産形成をするための投資＝一般の投資】

主に20代～40代が行う投資。まとまった資産のない現役世代は、これから結婚し、子どもが生まれれば教育費がかかり、マイホームを購入すれば住宅ローンの返済が発生します。自ら働いて稼ぎつつ、将来のライフイベントや老後を見据えて資産を増やしていかなければなりません。そのためのまとまった資金を作るための投資です。

【今ある資産を運用・管理するための投資＝シニア投資】

主に50代以降が行う投資。資産形成を終えた定年前後からの世代は、これから収入源が限られ、資産を上手に管理して使っていく期間に入ります。資産形成期にある程度の貯蓄を作っていたり、退職金が入ってきたり、あるいは相続した財産があったりと、まとまった老後資金をできるだけ減らさないように効率良く使っていかなければなりません。そのための大切な資産を守る投資です。

「資産形成」であれば、少ない元手から資産を増やしていかなければならないので、それに見合ったリターンを期待できる商品＝株式を中心に投資することになります。当然、期待できるリターンが上がれば、その分だけ損失が出るリスクも高くなります。

ただ、収入と時間があることは若い現役世代の大きな武器です。高いリターンも、

現役世代の投資とシニア世代の投資は違う

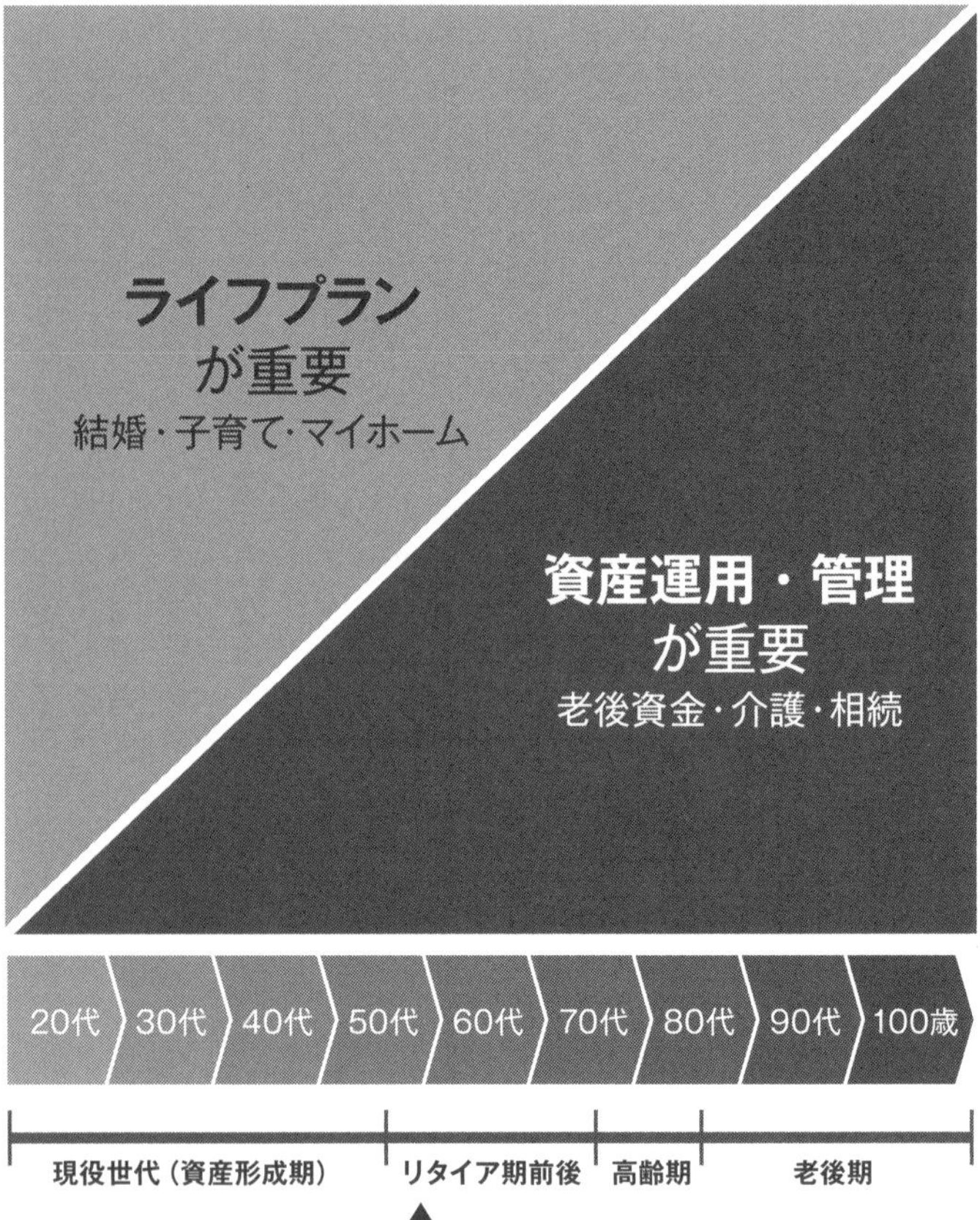

50代以降は、
資産運用・管理が重要な
「シニア投資」へ！

積立投資などで時間をかけて購入のタイミングを分散すれば、高値づかみで失敗するリスクを抑えることができます。万が一損失が出ても、働いていれば収入が途絶えることはないので、生活には困らず、相場が戻るのを待つことができます。

一方、**「資産運用・管理」の場合は減らさないことが第一です**。収入も時間も限られている中で、高いリターンを狙うのは失敗したときのリスクがあまりにも大きすぎます。そもそも、そんなに**大きく増やす必要がないので、無駄なリスクをとるのは間違い**です。もし収入以上に支出が増えているようなら、まずは運用ではなく家計の見直しが必要でしょう。

この違いを踏まえて投資をするために、「シニア投資」という考え方が必要なのです。

○これからシニア投資はますます重要になっていく

日本人の寿命はどんどん長くなり、人生100年時代といわれる現在、90歳前後まで生きることも、それほど珍しいことではなくなりました。

半面、少子化が進んで現役世代が減り、年金や医療費の財源が逼迫しているのは周知の通りです。しかも、長いデフレ期が続き、現役世代の平均所得は以前よりも少なくなっています。預貯金の金利はほとんどゼロに等しいレベルです。

要するに、かつての日本よりも、**少ない収入で長い時間を生きる人が増えているということです。退職金と年金だけで悠々自適というわけにはいかないのです。**

今、定年前後の世代はその分の老後資金をいかにやりくりするか苦心しています。70歳を過ぎても働いて稼ぐ人はいるでしょうが、もう一つの現実的な手段が、老後資金をうまく運用して使うこと、つまり「シニア投資」なのです。

○人気の投資商品はシニア投資では逆効果？

一般の投資とシニア投資がどう違うのか、もう少し具体的な投資商品を例に説明しましょう。

世の中には投資に関する情報が山ほど溢れていますが、シニア投資に的を絞ったものはほとんどありません。**よくある投資本やウェブサイトに書いてあるお勧め商品や投資手法は、若い世代が資産形成に取り組む観点では間違っていません。ところが、シニア投資の観点ではお勧めできないものも多いのです。**

〈世界分散投資で経済成長に賭ける〉

株式投資を推奨する際の考え方の一つです。過去数十年のデータをもとに、経済が成長しインフレになると、預貯金など現金の価値は相対的に目減りするのに対し、株式は値上がりするので安心だと説明されます。

確かに、経済成長がインフレをもたらして現金の価値が下がるのに対し、世界のGDPは右肩上がりで、それに伴って企業の業績も株価も上昇するということはいえます。

そうしたロジックをもとに近年は、経済が成熟化した先進国ではなく、今後の経済成長が期待できる新興国の株式などを推奨する専門家も少なくありません。

しかし、ご存じのように日本をはじめ先進国ではデフレによる超低金利が定着し、周期的に訪れる金融危機などを前にすると、現金の価値はむしろ相対的に高まっています。

新興国も長期的に見れば経済成長の可能性はあるでしょうが、目先はむしろ脆弱な経済システムや産業構造の影響で、通貨価値や株式相場が乱高下する傾向にあります。

シニア世代が手元にあるまとまった資産を、インフレに備えて、あるいは経済成長に賭けて、株式を中心に投資する必要はありません。むしろ必要なときに資産が目減りしている可能性を極力小さくしておくことが重要でしょう。

また、投資にリスクはつきものです。このリスクをいかにコントロールするかが投資の最大のテーマであり、よくいわれるのが「分散投資」です。

例えば、資金を一つの株式銘柄だけに投資していると、その会社の業績が悪化したり不祥事が起こったりしたとき、大きなダメージを被りかねません。そこで異なる業種など複数の銘柄に分けて投資し、リスクを減らそうというのが分散投資の基本的な考え方です。

分散の仕方としては、銘柄を分けるほか、カテゴリー（株式、債券、不動産など）を分けたり、地域を分けたり、通貨を分けたり、購入のタイミングを分ける方法もあります。

ただ、**商品を分散しすぎて数が増えると管理が行き届かなくなります。投資をする際、資産カテゴリーを分散することは確かに重要ですが、分散しすぎるのも問題です。**

〈コツコツ積み立てる〉

時間の分散でよく言われるのが、「ドルコスト平均法」です。ドルコスト平均法とは、価格が変動する金融商品を、定期的に一定金額購入していくことです。価格が低いときは多くの数量を購入し、価格が高いときは少ない数量を購入することになるので、平均買付単価を下げることができます。

ドルコスト平均法は、一般には投資信託で行います。投資信託は少額から購入でき、また金額指定で買うことができるからです。最近よく話題になる「つみたてNISA」や「iDeCo」もコツコツ積み立てることを前提としています。

ただ、これも主に若い世代が資産形成のために用いる手法です。少しずつ積み立てしている人なら、途中で相場が大きく下がってもその影響は小さいでしょうし、値下がりしたときはむしろ投資のチャンスといえ、長期で挽回は十分可能です。

しかし、**まとまった資金がある人にとっては、数万円単位で、コツコツ積み立てる投資は、資産総額によっては手間が増えるだけで効率的とはいえません。**

とはいえ、一括購入をお勧めしているわけではありません。リスクの高い商品に投資する場合、大きな金額であれば、それに見合った金額で分割して購入することも考える必要はあります。

〈とりあえず投資信託を利用する〉

分散投資と積み立てを組み合わせるため、広く推奨されているのが投資信託です。いまや銀行や証券会社の窓口に行けば、必ず勧められます。証券会社が盛んに宣伝している「ファンドラップ」も投資信託を組み合わせたものです。

しかし、投資信託には注意が必要です。特に、**シニア世代の「資産運用・管理」においては、高コストの投資信託や年間2%を超えるような手数料がかかるファンドラップは不要**だと思います。不要である理由はいろいろありますが、何より**手数料などのコストが高いことは運用の足かせになると同時に、そういった商品ほど中身が複雑で理解が難しい**からです。ファンドラップのコンセプトは魅力的ですが、もっと低コストで、仕組みもわかりやすくする必要があるでしょう。

それでは、インデックス系の低コスト投信ならいいかというと、そうとも言い切れません。確かに、少額で積み立てをする若い世代の「資産形成」にはこうした低コスト投信が推奨されています。しかし、まとまった手元資金を守っていくべきシニア世代の「資産運用・管理」では注意が必要です。なぜなら、**株式中心の投信は市場の動きによって価格が大きく変動する**からです。

誤解がないようにいうと、金融商品としての投資信託そのものに問題があるわけではありません。少額から様々な株式や債券、ＲＥＩＴ（不動産投資信託）に分散投資できたり、金や原油、ハイイールド債など個人ではなかなか買えないような商品に投資できたりするのは大きなメリットであり投資先の選択肢も広がります。

そうではなく、**日本国内で販売されている投資信託や、ファンドラップの多くに問題があるの**です。アメリカでは投資信託の販売手数料や運用コストはどんどん低下しています。ところが日本では、いまだに販売手数料や信託報酬などが高い商品が数多く販売されている現状があります。

これは、各金融機関が公表している投資信託（ETFを除く）の純資産ランキングを比較するとわかりやすいでしょう。

銀行や証券会社などの対面営業を中心に投資信託を販売している会社では、高コストの投資信託が残高上位に多く並んでいます。一方、ネット証券のように投資家自身が調べて商品を選んでいる会社では低コストの投資信託が中心となっています。ここでも金融リテラシーの差が大きく現れています。

シニア投資にマッチする金融商品とは

○シニア投資は「債券」を中心に考えればいい

シニア投資の鉄則、そして目的を踏まえて、結局何に投資すればいいのか。その答えはズバリ「債券」です。

債券投資については第2章で詳しく説明しますが、債券は株式とは様々な点で違いがあります。そして、それらはシニアの「資産運用・管理」にぴったりな点ばかりなのです。

債券の何よりの特徴は、満期が決まっていて、満期が来れば決まった金額が払い戻されるということです。

また、**債券は保有コストが発生しません。保有期間中は定期的にクーポン**（利息）**を受け取り、満期になれば当初から決まっている額面額の払い戻しを受けるだけ**です。

ただし、安定している分、リターンはそれほど高いわけではありません。まとまっ

「ターゲットイヤー型ファンド」における
カテゴリー別投資割合の推移イメージ

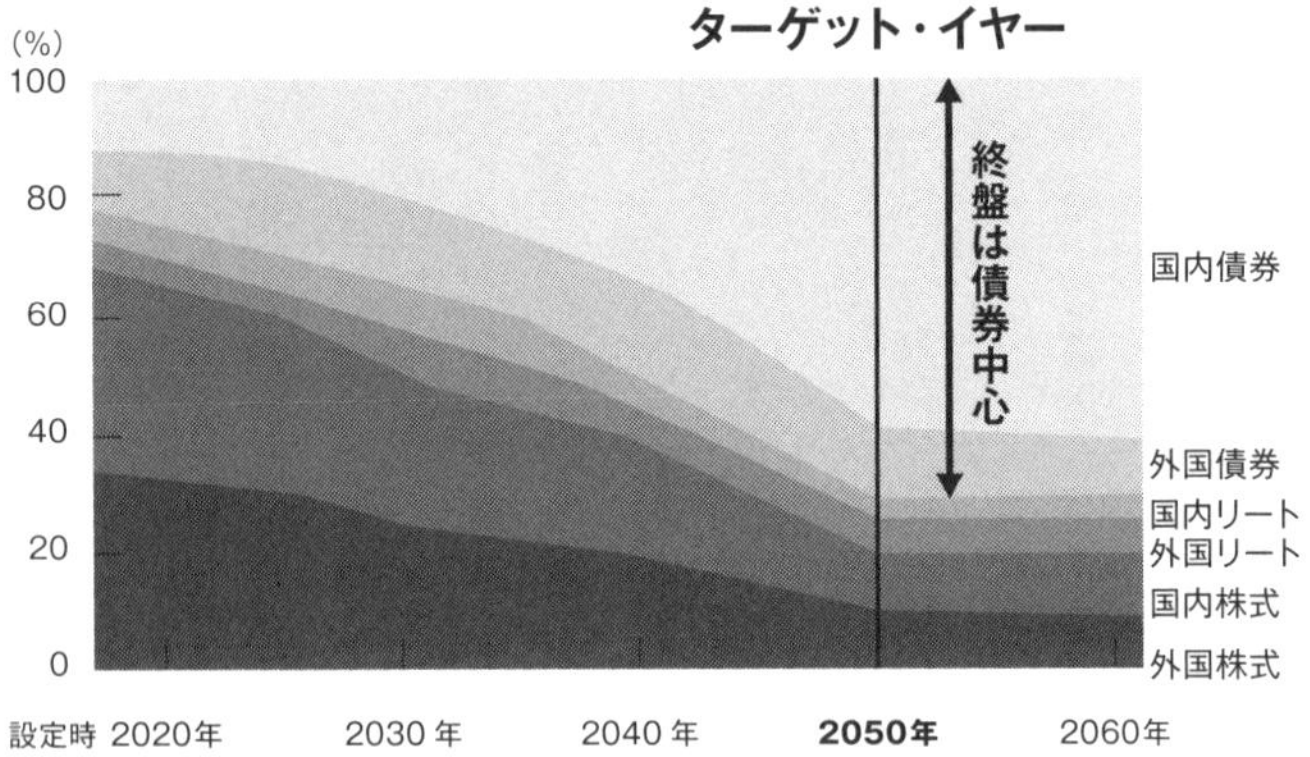

た資金のない人には向いていないのが債券投資です。

○プロも認める「安定運用＝債券」

シニア世代の「資産運用・管理」に債券が適しているということは、プロの運用を見てもよくわかります。一つ例をあげましょう。

投資信託に「ターゲットイヤー型ファンド」というものがあります。簡単にいうと、定年退職などの年をターゲットイヤーとし、それまでは積極的な運用を行い、ターゲットイヤーに達したら安定運用に切り替える商品です。

安定運用に切り替えた後の資産構成を見ると、その大半は債券です。要するに、**運用のプロであるファンドマネージャーでも、シニア世代は債券を中心とした安定運用がベストだと考えているのです。**

ただし、「ターゲットイヤー型ファンド」は投資信託であり、運用方針を固めてしまうことがライフイベントを考える際には不利になる場合もあるので、事前にライフプランを考えおく必要があります。

すでにシニア世代となり、まとまった手元資金を持っている方であれば、ライフプランを考えつつ、自分で債券を中心に運用すればいいといえます。

○「債券投資」と「債券中心の投資信託・ETF」は違う

なお、ここで強調しておきたいことは、**「債券投資」と「債券中心の投資信託」とは似て非なるもの**だということです。

銀行や証券会社の窓口で債券を買おうとすると、複数の債券を投資対象とした「債券中心の投資信託」を勧められることがあります。しかし、これにはよく注意していただきたいと思います。

債券の大きな魅力の一つは、保有している間、継続コストがかからないことです。ところが、一部の投資信託ではみすみす、そのメリットを放棄して**販売手数料のみならず保有している間、高い運用手数料（信託報酬）が毎年かかるものもあります**。これは大きなリターンが期待しづらい債券投資では大きな足かせになりかねません。特に年間1%以上の信託報酬を支払っている債券中心の投資信託には要注意です。

なお、ETF（上場投資信託）は、投資信託の一種ですがコストが安いので、検討の余地があるでしょう。例えば、「iシェアーズ・コア 米国総合債券市場ETF（AGG）」は経費率が0・03%、「パワーシェアーズQQQ信託シリーズ1（QQQ）」は経費率0・2%です。

ただし、個別銘柄の債券と異なりＥＴＦには原則として満期がないので、自分で売却するタイミングを決める必要があることは覚えておきましょう。

第1章

ポイントまとめ

- シニア投資は貯蓄や退職金など手元にある資金を長生きさせるためのもの
- 資産運用・管理のための投資と資産形成のための投資はまったく違う
- 定年後の資産運用では、計画的に現金化できる流動性も重要
- 長期積立型のコストが高い投資信託などはシニア投資には不向き
- 年間2%もの手数料がかかるファンドラップもシニア投資には向かない
- 低コストで金利も満期もあらかじめ決まっている債券がシニア投資の中心

第 2 章

安定、シンプル、低コスト。シニア投資に最適な金融商品は「債券」

シニア投資に最適なのが債券です。しかし、債券については、たまに出る新発債券を除けば金融機関で勧められることは少なく、ほとんどの個人投資家がよく知りません。

知られざる債券の魅力とともに、注意点についても説明します。

絶対に知っておくべき債券4つの魅力

○ほとんどの人が債券の魅力を知らない

債券というと、たいていの人が「聞いたことはあるけど、詳しくは知らない」と思うのではないでしょうか。2019年1月に公表された日本証券業協会の調査結果でも、**現在「公社債」を保有している個人投資家は、全体の13・2%にすぎません。**

しかし、知られていないだけで債券は非常に魅力的な商品です。**その安定性は金融商品の中でも群を抜いており、特にシニア投資にはとてもよくマッチしています。**実際に私の会社では、お客様の年齢層は平均約58歳で、預かり資産残高のうち債券の割合は約60%となっています（2021年8月26日時点）。お客様は、過去に債券について提案されたことはあっても、詳しい人はいません。なぜ金融機関は詳しく債券の提案をしてくれないのか、という問い合わせを何度も受けたことがあります。ここではまず債権の魅力を簡単に紹介しましょう。

○抜群の安定性

債券は**基本的に「買った値段プラスα」で戻ってくる**商品です。その仕組みはあらためて詳述するので、ここでは簡単に説明します。

債券は「満期が決まっていて」「満期を迎えると買ったときの額面で払い戻される」という仕組みになっています。

例えば500万円で「2026年12月に満期になる」債券を買ったとします。途中で売ったりせずに、**満期まできちんと保有していれば、まず500万円は戻ってきます**。これが株や投資信託とは違う、債券の魅力の一つです。

当然これだけでは現金で持っているのと変わりませんが、**そこに金利分が加わるので、その分だけ増やすことができるというのが債券投資のメリット**になります。

途中で売却すると損失が出る可能性があるので、「満期まで保有すれば」という前提を忘れないでください。

「債券投資」のここがスゴイ!

抜群の安定性	満期が決まっていて、満期になれば買ったときの金額が払い戻される。
預貯金を上回る金利	あらかじめ決まったクーポン（利息）が、決まった時期に支払われる。金利も預貯金を上回るものが多い。
ほったらかしでOKの安心感	買ってしまえばあとは何もすることがない。保有期間中はコストもかからない。
お金を使う計画が立てやすい	満期があり、決まったタイミングで現金化できるため、資金計画を立てやすい。

○預貯金を上回る金利

債券の金利は、購入する時点で何%（年率）か決まっています。それが年に1回とか、半年に1回など、定期的に支払われる仕組みです。金利の額や支払いタイミングは銘柄によって異なりますが、**「決まった金額が決まったタイミングで支払われる」のが債券の大きな魅力です**。

例えば先ほどの「2026年12月に満期になる」債券を500万円分買った場合で考えてみましょう。この債券が「年に1回、3%の金利を支払う」条件の銘柄だったとすると、500万円の3%、つまり15万円が毎年1回、支払われるわけです。

あとは満期まで何年あるかによりますが、仮に5年間あるとすれば、単純に15万円を5回で、合計75万円が支払われることになります。

要するに**500万円で買った債券が、満期までの運用で575万円になることまで、購入時点でわかる**ということです。

○ほったらかしでOKの安心感

ほとんどの債券は**満期までの期間とその間の金利が決まっているので、買ってしまえばあとは何もする必要がありません**。これも債券の魅力です。

例えば株式投資は、満期も、決まった配当もありません。

もちろん、「5年後に売ろう」などと自分で期限を決めるのは自由です。ただし5年後にいくらで売れるかは誰にもわかりません。結局、5年後にわずかでも価格が下がっていたら、「もう少し待ってみよう」とズルズル持ち続け、塩漬け状態に陥ることもあります。

ほったらかしのメリットはコスト面にもあります。投資信託などは、保有期間中はずっと信託報酬がかかりますが、**債券は保有期間中にプロが運用しているわけではないので、金融機関に支払うコストはゼロです**（売買時の単価に調達手数料は含まれています）。

○将来の資金計画が立てやすい

シニア投資で考えると、**決まったタイミングで現金化できることも債券の大きなメリットになります**。

債券は満期が来れば自動的に現金に戻ります。なので「5年後に自宅をリフォームする」などと決めておけば、計画的にお金を使うこともできます。預金で持っていてもいいですが、ほとんど利息はつきません。それと比べれば、**「5年後に使う」と決めて債券を買っておいたほうが、はるかに効率良くお金を増やすことができる**わけです。

株や投資信託も、売ろうと思えばいつでも売れます。しかし、値下がりしていたら？　まだ値上がりする可能性があったら？　本当に売れるでしょうか。

損益の面でも、心理的な面でも、市場に大きく左右される株式などのリスクの高い商品は「計画的に現金化する」ことがとても難しいのです。

10分でわかる 良い債券の見分け方

○債券は国や企業への貸し付け

債券の魅力を知っていただいたところで、少し詳しく債券の仕組みを説明します。

「債券」とは、国や企業などが、広く不特定多数の投資家から資金を借り入れる際に発行する証書のことです。債券が発行されると金融機関を通じて売りに出されます。**債券を買うということは、つまりお金を貸し出すことです。ですから、満期がくれば満額返してもらえますし、貸している間は金利がつくというわけです。**私たちもローンを組むときには返済の期限を決めて、利息を支払います。それと同じことです。

国や企業が債券を発行してお金を借りるためには、細かく条件を決めなければなりません。例えば次のようなことです。

・どの通貨で借り入れるのか（日本円なのか、米ドルなのか、豪ドルなのか、など）

・いくら借りたいのか
・金利は年率何%支払うのか
・満期（返済の期限）はいつか　など

ここではすべては紹介しきれませんが、投資家はお金を貸すわけですから、**金利や満期などの約束事をしっかりと確認して債券を選ばなければなりません。**

債券は個人の投資家にはあまり馴染みがなく、特殊な商品と感じるかもしれませんん。しかし現在、世界の債券市場は時価約100兆ドルといわれ、株式市場の約60兆ドルを上回ります。実は特殊でもなんでもなく、ごく普通の金融商品の一つです。

○貸し付けの期限も金利も決まっている安心感

債券と株式は同じ証券ですが、投資する目的は明らかに違います。シニア投資で考えるならば、圧倒的に債券が向いています。

【債券】

国や企業への貸し付け。期限も金利も決まっていて、将来返ってくるお金が予測できる。値動きが小さく、大きく値上がりすることも値下がりすることもない。資産運用・管理に向いている。

【株式】

企業への出資。期限はなく、配当も企業の業績次第。値動きが激しく、将来いくらになるのか短期間での予測は困難。長期間かけて投資する資産形成に向いている。

強調しておきたいのは、**よくいわれるリスク・リターンの考え方だけで投資をすることは要注意**ということです。

投資においてリスクとリターンは基本的に表裏一体です。高いリターンを期待するほどリスクも大きくなり、逆にリスクを抑えようとするほど期待リターンも小さくな

株式と債券の違い

	株式	債券
投資の意味	企業の所有者（株主）になる	企業へのお金の貸し手となる
リスク	相対的に高い	相対的に低い
収入	企業業績に応じた配当	決まった金利を受け取る
元本の動き	売却時の株価次第	企業が債務不履行（デフォルト）しない限り、元本は満期に全額返済
企業業績が好調な場合	配当額が上昇し、株価の上昇によってさらに利益を得るかも	金利の支払額は一定で、当初決められた元本が返ってくる
企業業績が不調な場合	配当額が下落し、株価の下落によって元本が大きく減るかも	
企業が倒産した場合	元本100％を失うかも	倒産企業の資産に対して、優先的に請求権がある

ります。投資をする場合は、このリスク・リターンの考え方に則って、様々な投資戦略を立てることになります。

しかしこのリスク・リターンは過去の値動きから分析されるので、将来を約束するものではありません。リーマンショックのような大きな相場下落時には、リスク・リターンの想定外の暴落となることが珍しくありません。

長期投資を前提とした資産形成層であれば、相場の回復を待つという選択肢も選べます。しかし、シニア世代でまとまった資金で投資している場合は、そうも言ってられない状況になってしまいます。

一方で**債券はそのような難しいことを考える必要がありません**。購入する時点で、運用の期間も、最終的に手元に残る金額もある程度決まってしまうわけですから、自分の資金計画に合う銘柄を選ぶだけです。

債券を買う目的は、まず減らさないことを第一に、効率よく資金を管理・運用しながら使っていくことです。これは、大切な老後資金を長生きさせるというシニア投資

債券は値下がりリスクが少ない守りの強さが特徴

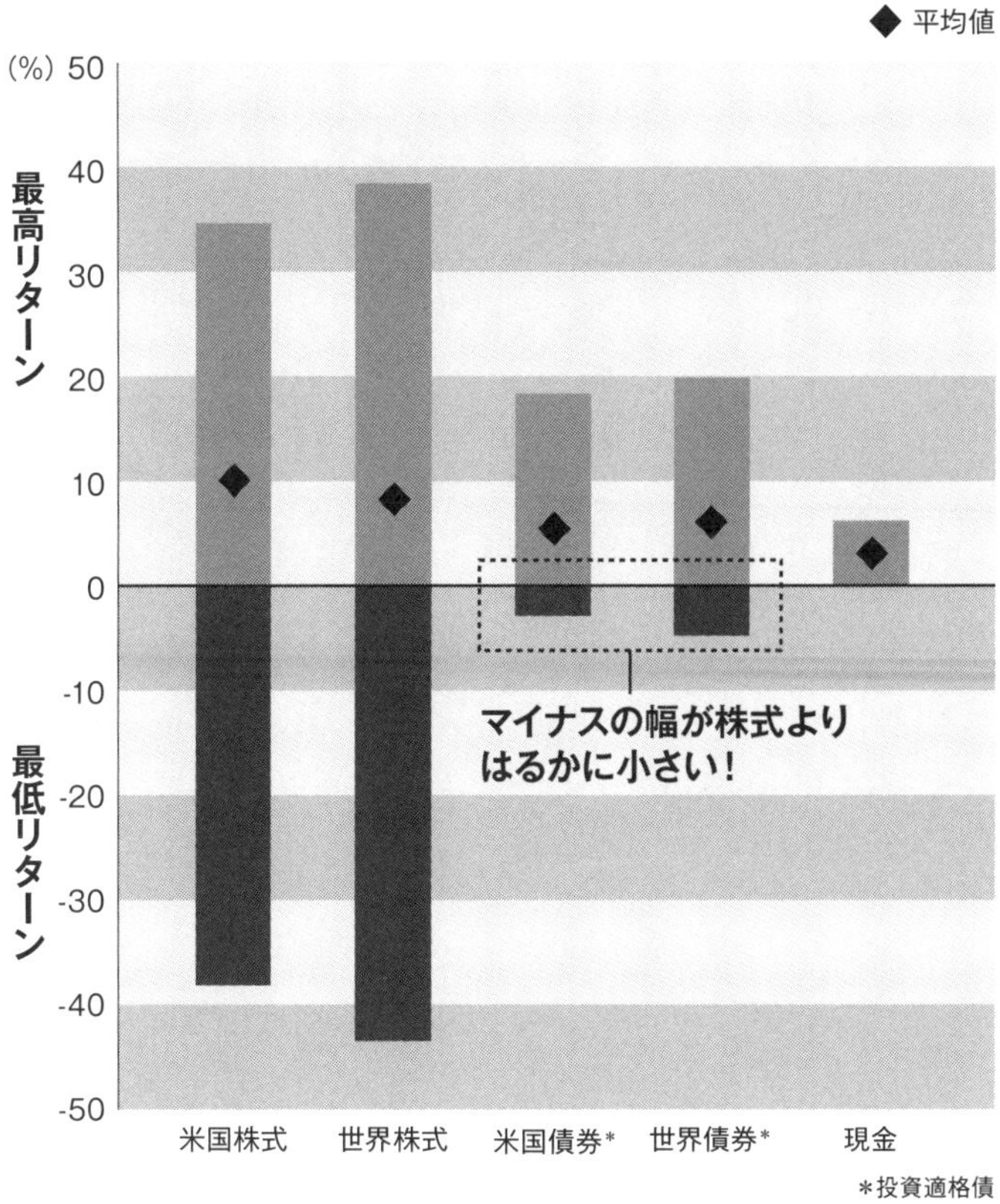

1991年から2017年の、資産別の年間リターン（米ドル建て）。
株式はプラスにもマイナスにも大きく振れるが、債券は特に下振れが極めて小さいことがわかる。

※PIMCO資料（出所：ブルームバーグ）2017年12月末現在
https://japan.pimco.com/ja-jp/marketintelligence/bond-basics/what-role-do-bonds-play-in-a-portfolio

の目的と、ほぼイコールになります。

債券と株式の性格の違いは、過去の実績を見ても明らかです。例えば1991年から2017年まで26年間における資産別の年間リターン（米ドル建て）を見ると、株式は良いときは年間3割以上、値上がりしていますが、悪いときは4割前後も下がっています。これに対して**債券は、良いときのリターンは2割と株式に及ばないものの、悪いときでも1割も下がっていない守りの強さがあります**。

どちらが資産運用、つまりシニア投資に適しているかは言うまでもありません。

○まずは「発行体」をチェック

債券ならば何でもいいのかというと、そういうわけではありません。

では買ってもいい債券はどう選べばいいのでしょうか。実は、家族や友人と貸し借りするときと同じように、**誰に、どんな条件だったら安心して貸せるかを判断すれば**

いいだけです。

債券を発行する国や企業のことを、専門用語で「発行体」といいます。この発行体が、投資家がお金を貸す相手です。ですから発行体を信用できるかどうかが、投資していい債券かどうかのポイントの一つになります。

例えば、しっかり稼いでいて**確実に返してくれると信じられる相手であれば、多少金利が低くても貸してもいい**と思えます。反対に、返すあてがあるのかわからない、**いい加減な相手には、どんなに金利が高くても貸したくありません**。

信頼できて、できるだけ高い金利を出してくれる相手を探すことが大切です。

○利率と利回りの違いに注意！

債券への投資では、「利率」と「利回り」の違いをよく理解しておきましょう。特に既発（発行済のもの）の債券を購入するにあたっては、「利率」ではなく「利回り」によって判断する必要があります。

「利率（年利率）」とは、額面金額に対し毎年受け取る利息の割合のことで「表面利率」ともいいます。債券の利率は、発行するときの金利水準や発行体の信用力などに応じて決まります。

一方、「利回り（年利回り）」とは、投資金額に対する利息や償還差益などを含めた年単位の収益の割合のことです。

例えば、額面金額100万円、利率3％で発行された債券を市場から95万円で購入し、残り満期までの5年間保有したとしましょう。この場合、5年間の利息は合計15万円（100万円×3％×5年）であり、また満期での差益（100万円－95万円）が5万円あるので、合計20万円のリターンとなります。これを1年当たりの利回りに換算すると約4・21％となります（その他、税金なども考慮する必要があります）。

このように、既発の債券を購入するにあたっては、「利回り」が判断基準になることは忘れないようにしましょう。

○為替リスクには要注意

どの通貨で貸すのかも大事なチェックポイントの一つです。

国や企業が債券を発行する際には、どの通貨でお金を借りたいのかを条件として決めます。

日本円のものもあれば、米ドル、豪ドルなどの先進国通貨のほか、トルコリラやブラジルレアルなどの新興国通貨など様々です。

なぜ注意が必要なのかというと、**外貨の場合は為替リスクが発生する**からです。

日本円で取引する債券を「円建て債券」といいますが、円建ての場合は為替リスクはありません。500万円で買った債券が満期を迎えれば500万円が戻ってきます。

一方、例えば米ドル建て債券の場合はそうとは限りません。少し詳しく説明します。

まず為替相場が「1米ドル＝100円」だったとします。米ドル建て債券を5万ドル購入する場合、500万円を5万ドルに両替する必要があります（両替には手数料がかかりますが、話を単純にするために無視します）。

その**債券が5年後に満期を迎えれば、5万ドルは返ってきます。しかしそれは、元どおり500万円になって返ってくるわけではありません。為替相場が変動している可能性があるからです。**

例えば「1米ドル＝95円」の円高になっていたとします。そのとき5万ドルを円に両替すると、475万円です。買ったときは500万円支払ったわけですから、25万円、元本の5％の「為替差損」が生じたことになります。逆に「1米ドル＝105円」の円安になっていたとき、5万ドルを円に両替すると、525万円です。つまり25万円、元本の5％の「為替差益」が生じたことになります。これが為替リスクです。

ただ、**債券の場合は利息を受け取れますから、受け取った利息が為替差損を上回っていれば、トータルで損することにはなりません。**

また、満期を迎えたら自動的に両替されるわけではないので、5万ドルのまま保有しておいて、1米ドル＝100円に戻ったら両替するという選択肢もあります。

ですから為替差損が直ちに損失になるわけではないのですが、**両替がなかなかできない状態が続くと、「計画的にお金を使いやすい」という債券の魅力が損なわれてしまう**のは事実です。

特に**気をつけなければいけないのは、新興国通貨の債券**です。

トルコリラやブラジルレアルなどの新興国通貨は、日本円や米ドルに比べて非常に激しく価値が変動します。

安定、安心が第一のシニア投資の目的には、まったくマッチしません。たとえ「値上がりしますよ」「高い金利だから多少円高になっても大丈夫ですよ」と勧められたとしても、その裏にはそれ以上の値下がりリスクもあります。シニア投資では、新興国通貨の債券は選択肢から除外してしまっても構わないでしょう。

債券の主な発行体と通貨の種類

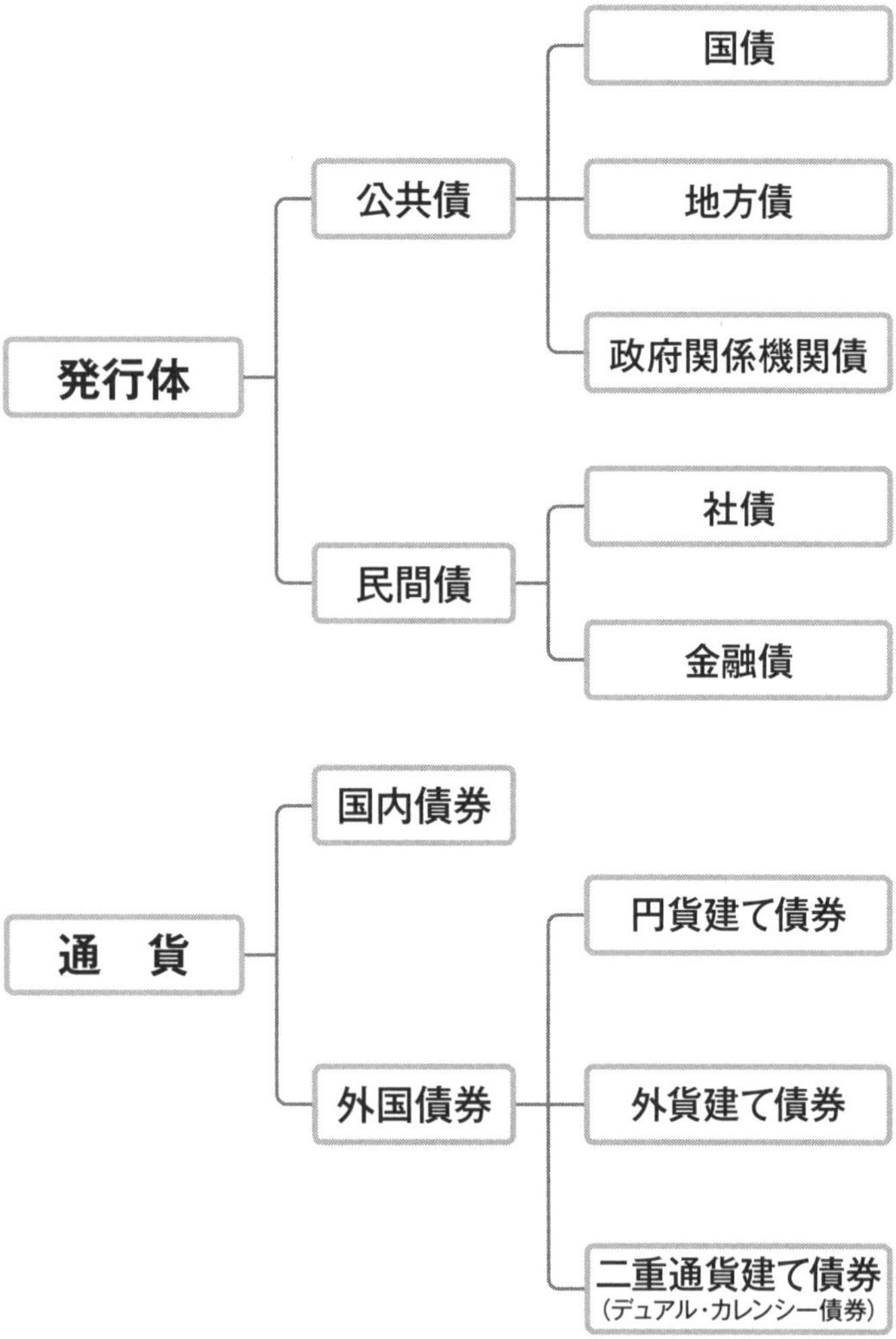

○「投資適格水準」の格付けが判断基準の一つ

債券の安全性をはかる一つの基準が「格付け」です。**格付けは、その債券が約束どおり金利を支払えるか、借りたお金を返せるかを評価したものです**。評価は第三者である格付け専門の機関が行います。

代表的な格付け機関としては、米国系のムーディーズ、S&Pグローバル・レーティング、欧米系のフィッチ・レーティングス、国内では格付投資情報センター（R&I）や日本格付研究所（JCR）などがあります。

評価基準は格付け機関によって異なりますが、格付けの表し方は共通しています。最も格付けが高いのが、「AAA（トリプルエー）」です。「AA（ダブルエー）」「A（シングルエー）」とランクが下がり、その下は「BBB」になります。**格付けが低いほど、**

デフォルト、つまり発行体が破綻してお金が返ってこなくなるリスクが高そうだ、ということです。

格付けが高いからといって絶対に安心と言い切ることはできません。ただ**過去のデータを見る限り、「投資適格水準」とされる「BBB」以上は信頼性が高いといえる**と思います。「投資適格水準」の債券では、リーマンショックの影響があった2008~2009年でも年間デフォルト率は1%未満、それ以外ではほぼ0%でした。

一方、「BB」以下が「非投資適格水準」、さらに「B」以下は「投機的水準」とされます。投機的水準の債券はかなりリスクが高く、中でも「CCC」以下になると4割以上がデフォルトの年もあります。

安定運用が目的のシニア投資では、これら第三者からの評価をもとに、自分が安心できる発行体を選ぶことになります。判断できないという場合は、「投資適格水準」

「格付け」の例

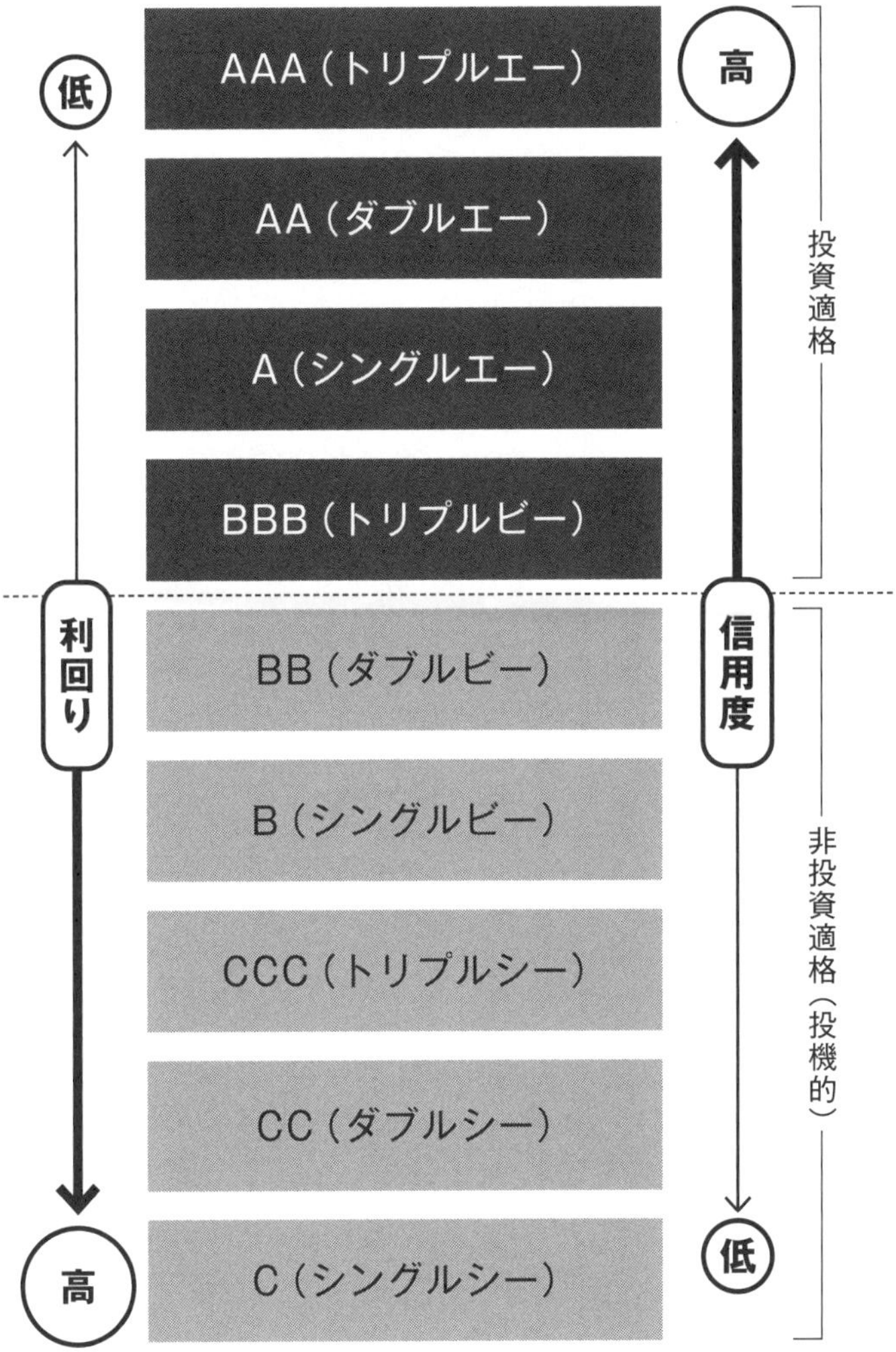
AAA（トリプルエー）
AA（ダブルエー）
A（シングルエー）
BBB（トリプルビー）
BB（ダブルビー）
B（シングルビー）
CCC（トリプルシー）
CC（ダブルシー）
C（シングルシー）
低
利回り
高
高
信用度
低
投資適格
非投資適格（投機的）

の中から自分に馴染みのある発行体を選べばいいでしょう。

○債券選びの基準は6つ

ここまでを整理すると、債券を選ぶ際の基準は6つです。

①発行体：債券を発行している国や企業が信用できるかどうか

②利率：元本に対して、どの程度の利息が付くか。信用度の高い債券ほど金利は低くなる傾向がある

③利回り：投資額に対して、利息や償還差損益（または売却損益）など収益の合計がどれくらいになるのか。元本に対する利息の割合である「利率」との違いに注意

④償還日：満期までの期間。いつ現金化する予定か

⑤通貨：どの通貨で取引するか。為替変動リスクが少ない通貨のほうが資金計画を立てやすい

⑥格付け：自分が安心できるか。不安なら「投資適格水準」が基本

債券メニューのチェックポイント

この発行体は米国の大手金融機関

格付けは投資適格

通貨は先進国

「利率」は、発行時のクーポン（利息）の金利で、額面に対する割合。「利回り」は、既発債の現在の市場価格に対するクーポン（利息）の割合で、実際のリターンにあたる

満期まであと5年ほど

米ドル建て利付債券（既発　劣後債）の販売条件

発行体 ①	シティグループ
発行体格付け ⑥	A+（S&P）
証券格付け ⑥	BBB（S&P）Baa2（Moody's）
起債通貨 ⑤	米ドル
額面	1,000米ドル
参考価格	額面金額の115.07%　※08/30　10：00現在
利率（税引前） ②	年　4.60%（米ドルベース）
参考利回り（税引前） ③	年　1.16%（米ドルベース）　※08/30 10：00現在
利払日	3月9日、9月9日（年2回）
残存期間	約4年7ヶ月
償還日 ④	2026年3月9日
受渡日	約定日の2営業日後
販売単位	1,000米ドル以上、1,000米ドル単位での販売 ※参考買付金額 1,000米ドル×104.00%×113.00円＝約11.8万円 1米ドル＝113.00円、価格＝115.07%の場合。 （価格、為替は日々変動いたします。また経過利子は考慮しておりません。） ※本債券は既発債であり、ご購入に際しては経過利子相当額の払込みが必要になります。

※証券会社のHPをもとにリーファス社作成　2021年8月30日時点

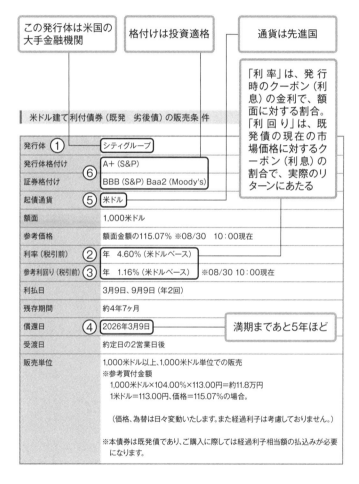

これらの基準で、自分の目的と合致していれば、買うに値する債券だと判断していいと思います。

ただし、債券を探してみると、驚くほど銘柄の情報がないことに気づきます。債券の取扱いは証券会社がしていますが、大手証券会社のＨＰをみてもあまり数は多くありません。債券投資について調べても、債券に投資する投資信託やＥＴＦの話題ばかりです。

実は、株式や投資信託と違って、債券の銘柄情報はほとんど公開されていません。各国の金融政策にも活用される債券市場の規模は、株式市場よりも大きいにもかかわらず、ほとんどの個人投資家が債券の情報を知らないというのが実情です。

よく推奨される分散投資では、株式と債券への投資が軸です。それにもかかわらず、なぜ金融機関は個人投資家に債券の情報を提供していないのでしょうか？　次はその理由と販売する側の事業を解説していきます。

なぜ金融機関は債券を勧めないのか

○金融庁も問題視する顧客無視の金融サービス

なぜ、名前の通った銀行や証券会社などの提案が、投資家の不利益につながってしまうのでしょうか。もちろん投資はリスクがあり自己責任で行うものですが、**実は金融庁も以前から、金融機関の姿勢を次のように指摘しています**。

「金融機関においては、短期的な利益を優先させるあまり、顧客の安定的な資産形成に資する業務運営が行われているとは必ずしも言えない状況にある。」（平成27事務年度の金融レポート）

つまり、短期的な利益を優先するあまり、顧客属性を無視した商品販売や、ニーズとは違う提案に前のめりになっていると金融庁ですら問題視しているのです。

これは、**資産運用の正しいプロセスを無視した「売りたい商品ありき」の営業手法**によく表れています。

資産運用を始めるにあたっては、まずお客様の収支や資産の分析が不可欠です。それぞれの家計の状況や今後の想定、投資経験や目的を確認し、それをもとに、どのような金融商品を、どのような配分で組み合わせるかを考えていくのです。

本来、個別の金融商品の選択は最後です。

ところが実際には、特定の金融商品ありきで提案をしています。ライフプランニングをしても、商品販売が前提になっていることが少なくありません。

また、**転勤などで担当者がコロコロ変わるのも顧客の不利益につながります**。顧客の運用状況が正しく引き継がれないこともあり、「売りたい商品」ありきの提案が繰り返される悪循環に陥るのです。

○巨大な組織を維持するために利益追求に走る金融機関

金融機関が売りたい商品は主に、手数料や運用コストが高い商品です。

投資信託やファンドラップ、新興国債券や仕組債が代表的な商品で、最近は「仕切取引」といわれる、証券会社との相対取引（1～2％の手数料をのせた価格）での米国株式の売買を提案もされているようです。ただし、年々、回転売買（同じ資金で売買を繰り返すこと）に対して厳しくなっているので、金融機関内での営業員への評価も販売ノルマではなく、残高をいかに増やすかという残高ノルマに変わってきています。

特に投資信託やファンドラップは、一度購入してもらえば、ずっと信託報酬を稼げる点で金融機関にメリットがあります。要するに**手数料を得やすい商品であるため、ノルマを設け、顧客属性を無視してでも大量に販売しようとする**わけです。シニア投資に最適な債券を積極的に提案してくれないのは、運用中に金融機関がまったく稼げないという理由もあると想像できます。

大手金融機関がこうまでして短期の利益を追求するのは、**そこで稼がないとその巨大な組織を維持できなくなってしまった**からです。

大手金融機関は多くの社員と支店網を抱え、さらにシステムの開発運営費、広告宣伝費なども巨額になります。

銀行では、かつてのように市中金利が高く、資金需要（貸出）があるときは比較的簡単にコストを吸収できました。しかし、**いまや貸し出しても超低金利で、貸し出す先も減ってしまいました**。そのためコストを賄いきれず、なりふり構わない金融商品の販売による手数料収入に傾斜するようになってきたのです。

膨大な社員と店舗を抱える、大手生命保険会社の最近の不祥事は、その典型例といっていいかもしれません。

証券会社も同じです。

１９９０年代後半に株式の売買手数料が自由化されると、インターネット証券会社が台頭し、安い手数料でサービスを展開しました。

当然、**高い売買手数料に頼っていた対面型証券会社はどんどんシェアを落とします**。それでも稼がないと組織を維持できません。だから、投資信託などの販売手数料と信託報酬などに頼るようになったのです。

少し前までは、投資信託などの乗り換えを次々に提案して、乗り換える度に販売手数料を稼ぐような商売も目立ち、金融庁から釘を刺されることもありました。相場が好調で個人の運用ニーズも高く、投資家が乗り換えコストを上回る利益を得られていたため、そのようなやり方がまかり通っていた側面もあるでしょう。

いずれにせよ、金融機関も人を抱えてビジネスをしている以上、利益を得なければならないのは当然です。ただ、その**利益が顧客である投資家と相反していることは否めません。特に現状ではコストの高い商品ばかりが提案されているのが実態です。**

こうした構造や背景を踏まえて、金融機関と向き合うことが、シニア投資では特に大切です。

○ノルマと顧客の板挟みに苦しむ担当者

金融機関の現場の担当者も、ノルマと顧客の間で困惑したり、悩んだりしているようです。

良心的な担当者ほど、顧客の投資経験やリスク許容度、考え方に合った金融商品を勧めようと考えますが、会社から与えられた目標や社内での評価を考えると、常に板挟みになりながら提案をしています。

例えば、大規模な新規公開株がある場合、証券会社は自社でより多くの株を仕入れるために、新規公開する企業の要望に沿ってなるべく高値で株を売ろうとします。

一方、各支店で個人投資家に販売する担当者としては、顧客に損をさせたくないのでなるべく安値で販売できたほうがいいと考えます。

同じ証券会社の中でも、利益相反が発生しているのです。ところが実際は本社の権限が強く、現場の担当者には期限までに投資家を募るよう指示がきます。たとえ割高だと思っても、仕事ですから提案しないわけにはいきません。

担当者がファンドラップや仕組債、外貨建て保険などを勧める理由も同じです。**ノルマがなければ、これらの商品を提案する担当者は大きく減るでしょう**。

こうした矛盾の中で、担当者はどうするのか。大きく3つのタイプに分かれるのではないでしょうか。

第一は、会社員としての業務だとして引受けつつ、淡々と業務をこなすタイプです。組織の一員ですから、会社の指示に沿って提案することはある意味当然です。金融庁の指導もあり、大手ほど社内のコンプライアンスは年々厳しくなっていますので、日本の個人向け金融サービスを表しているタイプともいえるでしょう。

第二は、顧客のためにはならないことは提案したくないというタイプです。お客様からすると自分のことを第一に考えてくれているのは有難いことかもしれませんが、投資提案の良し悪しを担当者個人の判断でしてしまうと、お客様にとっては投資機会の損失にも繋がりかねません。また組織の一員としては問題がありますので、転勤の対象にもなりやすく、継続したアドバイスを行うことは難しいのが実情でしょう。

第三は、今のままでは顧客も自分も会社も幸せにならないと考え、別の道を探すタイプです。昨今ではこうした独立系フィナンシャルアドバイザー（ＩＦＡ）が増えています。実は、私もその一人にほかなりません。

ただし、自戒の念も込めてお伝えすると、独立系は玉石混交と表現されている現状があり、独立したはいいものの日銭を稼ぐため、商品売買を繰り返しているＩＦＡがいることも事実のようです。

「何が今儲かるのか」という提案を希望される方には良いのですが、自分の投資経験や知識に合った提案をしてくれているのか、提案は個人ベースなのか会社としての提案なのか、投資家自身がしっかり判断する必要がまだまだあるようです。

○証券会社の販売担当者の本音

金融業界の営業担当者は、商品販売が役割です。そして、一般的にコミュニケーション能力が高く、人間心理に沿ったセールストークに長けているといえます。以前、私が証券会社に勤めていたときは、とにかく場を盛り上げるのが上手い人や話題が豊富な人が多く、羨ましく感じました。

自分が売りたい金融商品について、相手（個人投資家）に響くようなポイントをピックアップし、そこを強調しながら勧めてくるのはお手の物です。もちろん、コンプライアンス遵守は徹底していて、リスクに関することもマニュアルに沿って商品説明の中でしっかりしているはずですが、万が一にも**リスクをぼやかすような話し振りであれば注意しましょう**。

参考に、悪い例を紹介します。

特定の金融商品を今すぐ買ってもらいたい場合、担当者はライフプランや他に保有している商品の話はあえてしません。

なぜなら、ライフプランの話は1時間や2時間では終わらず、場合によっては証券投資よりも保険や不動産が適しているかもしれないし、何もせず様子見をしたほうがい可能性もあります。

また、本来は資産全体のバランスを考えて商品提案を行うべきですが、その結果が販売したい商品ではない可能性のほうが高いということもあるでしょう。

あるいは、保険関係の商品を勧める際には、公的保障（医療保険や公的年金）の話はあまりしない担当者もいます。日本では公的保障はかなり充実しており、民間の保険の必要性はそれほど高くありません。余裕資金の運用であれば、保険ではなく証券投資のほうが効率的です。そのため、公的保障には触れずに、病気やケガ、失業などのリスクを強調し、万が一の保障の必要性や保障＋運用の提案で変額年金保険などの自分の勧めたい保険商品の紹介をしている担当者もいます。

さらにもう一つ、**金融業界の営業担当者が意図的に避けるのが運用コストの話です。**

表面的なリターンのことは他の商品とも比較して詳しく説明しますが、例えば投資信託では**販売手数料や信託報酬などについての「比較」はほとんどされません。**販売手数料は担当者の所属する会社へのコンサルフィーだという考え方もありますが、信託報酬については年間1・5〜2％程度払っている方も多く、この超低金利時代には払い過ぎに感じます。

特に、ここ数年間伸び続けていて、ＣＭでもよく見かける「ファンドラップ」には注意が必要です。**ファンドラップでは販売手数料がかからない場合がほとんどですが、年間の運用コストとして信託報酬＋運営管理費用（会社によってファンドラップ手数料など呼び方が違う）を支払っており、その合計は２～３％程度にもなります。**

ネット証券の中には、ＣＭで堂々とファンドラップを否定する会社もあるほど、金融業界に詳しい関係者の間では、そのコストの高さが懸念されています。

ここで気を付けたいのは、ファンドラップの仕組みが悪いわけではなく、その金融サービスと払っている手数料が見合っているのか、という点です。実際、金融庁も、「投資家においては、ファンドラップと他の投資商品の比較等により、ファンドラップの手数料が、提供サービスや運用成果の対価として適正であるか確認することが重要（平成27年度金融レポートより）」と報告しています。

金融サービスの手数料を高いと思うか、安いと思うか、適正だと思うかは、個人の金融リテラシーによって大きく変わります。極端な話、個人投資家で自ら時間をかけて勉強し、実践して上手くいっている方にとっては、ほとんどの金融サービスは手数料を支払う価値を感じないかもしれません。逆に、定年退職までほとんど資産運用について考えたことがないような方は、手数料を支払っても金融サービスを受ける価値があるといえるでしょう。

現在のシニア世代の方は後者のケースが多いのではないかと思いますが、とはいっても無駄な費用を払うことがないのは間違いありません。

シニア投資の始め方と債券の買い方

○老後資金の寿命と必要額を確認

シニア投資の始め方を具体的に説明していきます。といっても、難しいことはないので安心してください。

まずやるべきなのは、今後の資金計画を立てることです。

・手元の資金はいくらか
・月々の理想の支出はいくらか
・まとまった大きな支出がいつ、いくら発生する予定か
・投資に回していい資金はいくらか

以上のようなことを洗い出してみてください。すると、どの程度の利率で運用すればいいのかがわかります。

まずは例として、65歳で年金が月20万円もらえる人の場合で考えてみます。
・手元に２０００万円
・月々の支出は26万円
・５年後に息子の結婚資金で１００万円、10年後に自宅リフォームで２００万円
・投資に回していいのは１０００万円

この条件の場合、**２０００万円の貯蓄をそのまま取り崩していくと85歳でマイナス**になってしまいます。

しかし、貯蓄の一部を投資に回して生活費の不足をカバーすることができれば、そのまま手元に残すことも可能です。

○シニア投資のプランニング

前述の例で80歳以降の生活費を安全に作るには、どうしたらいいのでしょうか。
投資に回せる資金が１０００万円だとすると、年利４％で、まず69歳まで運用し、

年利4%の運用で手元の資金をとり崩さずにすむ

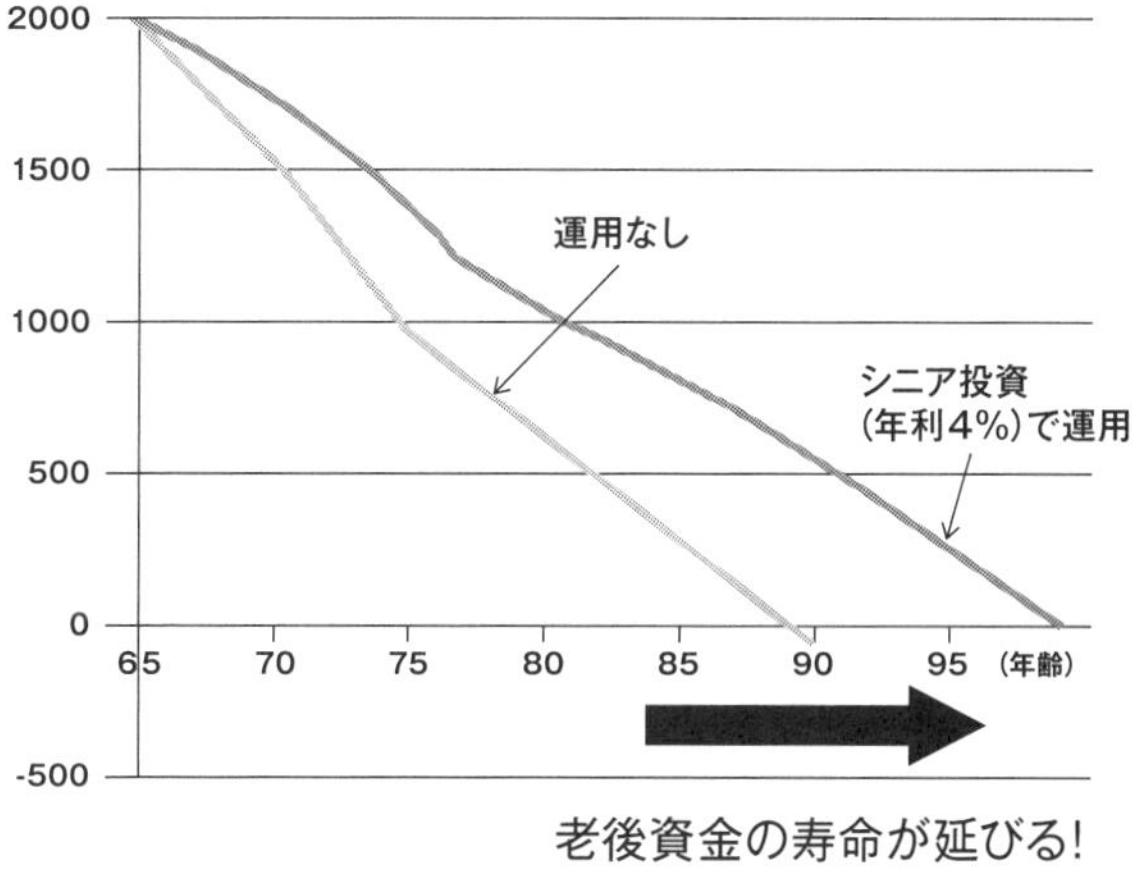

・手元にあるお金が 2000 万円

・毎月の収入 20 万円、毎月の支出 26 万円で試算

・65 歳で子どもの結婚費用 100 万円、
70 歳で自宅のリフォーム費用 200 万円を想定

・シニア投資の場合、69 歳までは 1000 万円を運用、
70〜79 歳までは 500 万円を運用

70〜79歳までは5000万円を年利4％で運用すると、89歳まで資金が長生きする計算になります。**ただし、介護費用や通院費など臨時の大きな出費に備えることを考えれば、もっと資金に余裕が必要でしょう。**

わかりやすくするために非常に単純な数字に落とし込んでいますが、考え方としては最低でもこの条件を満たす債券を、その都度買っていくのが最善策です。実際には、その時々で売られている債券の条件を見ながら、よりよいものがあれば取り入れていくことになります。

シニア投資では必要十分な資金を確保できれば、大きなリスクを冒してそれ以上に儲ける理由はありません。

特に、金融資産が5000万円から1億円、もしくはそれ以上に余裕のある人にとってはなおさらでしょう。弊社のお客様のほとんどが、このように一般的には富裕層・準富裕層といわれる方々ですが、このぐらい資産がある方になってくると、年金や資産運用だけで生活資金以上の収入を得ることができているため、資産は減るどころか大きな出費がなければ増え続けていきます。

つまり、資産がある人ほど、少ないリスクで自分が求める投資結果を得ることができているので、大きなリスクを取る必要もありません。むしろ大きなリスクを取ることによって得るリターンより、資産が大きく減ってしまうリスクを回避するべきなのです。

○「投資信託・ETF」ではなく「個別銘柄の債券」を注文する

シニア投資のプランができたら、あとは条件に合う債券を買うだけです。

債券は証券会社が中心に取り扱っています。ただし株式ほどオープンな市場ではないため、担当者などから情報を手に入れる必要があるのが現状です。

新規発行される個人向け国債や一部の外貨建ての新発債券については証券会社のほか、銀行等の金融機関や郵便局などでも購入できるときもあります。しかし、実際に個人投資家が債券を買うとなると、既発債が中心になるでしょう。そして、既発債のほとんどは、個人にオープンな取引所ではなく「店頭取引」と呼ばれる相対取引の形で取引されます。

金融機関で債券を買う場合は、こんなふうに伝えてください。

「投資信託ではなく、個別銘柄の債券で条件のいいものを見せてください」

そうすると担当者が、そのとき売りに出されている債券をいくつか見繕ってくれるはずです。「なんとなく債券投資がいいと思っていて…」などという相談の仕方をすると、債券を組み込んだ投資信託や安定型のファンドラップなど別の商品を強く勧められる可能性もあります。

ただし、窓口ではあまり債券の銘柄がない場合もあり、そのときは担当者に聞くしかありません。

提示された債券がいいものかどうかわからない、という不安もあるかと思います。

でも心配ありません。**日本国内で販売されている債券のほとんどは、投資適格水準の格付け**です。

あとは前章で説明した債券のポイントを確認しながら、自分に合った銘柄を探しましょう。

○債券はいくらから買えるのか

債券の購入価格は幅があります。

基本的に新しく発行されるときには100円で始まり、満期のときには100円で終わります。ただ、発行から満期までの途中で、誰かが売りに出すと、その「既発債」の価格は100円ではなく市場価格になります。つまり、「新発債」は額面額（通常は100円）、「既発債」は流通市場におけるその時点での価格となります。

売買の単価も様々です。日本円建ての新発債券であれば、100万円単位が一般的でしょうし、米ドル建ての新発債券であれば、1000米ドルからが多いようです。

債券の価格まとめ

	新発債	既発債
購入単価	通常は100円	時価
償還単価（満期時の単価）	100円	
中途換金価格	時価	
購入単位（最低限購入しないといけない単位）	少額から買える（社債の場合は一般的に100万円）	まとまった資金が必要な場合が多い
購入できるタイミング	不定期（国や企業が新しく債券を発行したとき）	市場が開いていれば買える（証券会社を通じた相対取引）

ただし**既発債になると、単位が大きくなる傾向にあります**。日本円建ての既発債であれば1000万円単位以上、米ドル建ての既発債になると5万、10万、20万米ドル単位での買付となり、20万米ドルからは購入できる銘柄の選択肢も一気に広がります。

○利回りと安全性のバランスから お勧めなのは米ドル建て債券

では、シニア世代の「資産運用」にお勧めの債券とはどのようなものでしょうか。

一つは**日本国内で発行される円建ての債券**です。為替のリスクがないのは大きなメリットです。

ただ、現在、日本国内で個人が買える円建て債券としては、国が発行する個人向け国債がメインであり、企業が発行する社債で魅力的といえるほど高い金利を出しているものはほとんどありません。

また、**個人向け国債は金利が非常に低く、運用効率という点ではあまり魅力的ではありません**。

日本国内で買える米ドル建て債券の例

ソフトバンクグループ 米ドル建て社債（BB+/Ba3）			
クーポン（税引前）	年5.125%	利払日	3/19、9/19(年２回)
償還日（残存期間）	2027/9/19 (約６年１ヶ月)	買付単価	106.29%
参考利回り（税引前）	年3.90%	買付単位	200,000USD 以上 10,000USD 単位
日産自動車 米ドル建て社債（BBB-/Baa3）			
クーポン（税引前）	年4.81%	利払日	3/17、9/17(年２回)
償還日（残存期間）	2030/9/17 (約９年１ヶ月)	買付単価	116.97%
参考利回り（税引前）	年2.63%	買付単位	200,000USD 以上 10,000USD 単位
シティグループ 米ドル建て社債（劣後債）（BBB/Baa2）			
クーポン（税引前）	年4.60%	利払日	3/9、9/9(年２回)
償還日（残存期間）	2026/3/9 (約４年７ヶ月)	買付単価	115.02%
参考利回り（税引前）	年1.18%	買付単位	1,000USD 以上 1,000USD 単位
モルガン・スタンレー 米ドル建て社債（劣後債）(BBB/Baa2)			
クーポン（税引前）	年4.35%	利払日	3/8、9/8(年２回)
償還日（残存期間）	2026/9/8 (約５年１ヶ月)	買付単価	114.59%
参考利回り（税引前）	年1.33%	買付単位	1,000USD 以上 1,000USD 単位
米国 トレジャリーノート（米国国債）2025 年８月償還 (AA+/Aaa)			
クーポン（税引前）	年2.00%	利払日	2/15、8/15(年２回)
償還日（残存期間）	2025/8/15 (約４年)	買付単価	106.07%
参考利回り（税引前）	年0.45%	買付単位	1,000USD 以上 1,000USD 単位
米国 トレジャリーノート（米国国債）2029 年８月償還 (AA+/Aaa)			
クーポン（税引前）	年1.625%	利払日	2/15、8/15(年２回)
償還日（残存期間）	2029/8/15 (約８年)	買付単価	104.45%
参考利回り（税引前）	年1.04%	買付単位	1,000USD 以上 1,000USD 単位

※各証券会社の HP より、リーファス社作成（2021 年８月 30 日現在）

購入するとしたら、金融機関で不定期に行われている個人向け国債の購入キャッシュバックキャンペーンを利用しましょう。昨今でも購入金額対比で0・4％程度のキャッシュバックは珍しくありません。利息ではありませんが、個人が受け取る運用収益と考えれば大差はありません。

それよりも**金利が高く、十分な信用力を備えているのは、米ドル建ての普通社債です**。特に、大手金融機関や事業会社が発行する債券の中には、信用力と金利のバランスがよく、シニア投資に適しているものが多数あります。

ただし、米ドル建てなので為替の影響があることは認識しておきましょう。

○劣後債の魅力

債券の一種に「劣後債」と呼ばれるタイプがあります。最近のように市場金利が大きく低下しており、通常の債券の利回りもあまり期待できなくなっています。

そうした中で、注目されるのが「劣後債」なのです。

劣後債は、正式には「劣後特約付社債」といいます。「劣後特約」とは具体的には、債券を発行した企業に倒産など万が一のことが起こった場合、一般的な社債（普通社債）に比べて元本と利息の支払いが後回しになるということです。

その一方、劣後債のほうが万が一の際に不利な分、普通社債より相対的に高い利率が設定されます。

なお、企業にとっては、発行した劣後債の一定割合を格付会社などから「資本」としてカウントしてもらえるため、新株を発行しなくても自己資本比率を引き上げることができます。そのため、国内外の大手金融機関などはよく劣後債を発行しており、しかも米ドル建てが主流です。

今後、シニア投資において劣後債は有力な選択肢になると思います。

特に、劣後債の中でも「永久劣後債」は、一般的な債券にある償還期限（満期）の定めがありません。その代わりに早期償還条項がついているので、実質的にはその時に元本が返ってくる仕組みになっています（必ず早期償還されるわけではありません）。

そのため、一般的な債券や期限付き劣後債よりも高い利回りが期待できます。

米ドル建て利付債券（既発 永久劣後債）の販売条件

発行体	ソフトバンクグループ
発行体格付け	BB+（S&P）
格付け	B+（S&P） B2（Moody's）
起債通貨	米ドル
額面	200,000米ドル
参考価格	額面金額の103.507%
利率（税引前）	（1）2023年7月18日 まで 固定利率：年率6.00%（固定） （2）2023年7月19日以降 2038年7月18日まで 変動利率：5年米ドルICEスワップレート ＋4.226%（変動） （3）2038年7月19日以降 変動利率：5年米ドルICEスワップレート ＋4.976%（変動）
参考利回り（税引前）	年 4.042% （米ドルベース、初回コール日に繰上償還した場合）
利払日	1月19日、7月19日（年2回）
残存期間	約1年10ヶ月（初回コール日）
償還日	定めなし
繰上償還	2023年7月19日以降、半年毎に発行体の任意で繰上償還可能。 繰上償還金額は、額面価格の100%
受渡日	約定日の2営業日後
販売単位	200,000米ドル以上、100,000米ドル単位での販売 ※参考買付金額 200,000米ドル×103.507%×110.00円＝約2,277万円 1米ドル＝110.00円、価格＝103.507%の場合 （価格、為替は日々変動いたします。 また経過利子は考慮しておりません。） ※本債券は既発債であり、ご購入に際しては経過利子相当額の払込みが必要になります。

※劣後債券のリスクは、各銘柄ごとの外国証券情報等をご確認ください。
証券会社のHPをもとに、リーファス社作成　2021年8月30日時点

第2章

ポイントまとめ

- 債券には、抜群の安定性、預貯金を上回る金利など4つの魅力がある
- 株式が資産形成に向いているのに対し、債券は資産運用・管理に適している
- 債券は株式と比べて、値上がりにしろ値下がりにしろ、変動幅が小さい
- ただし、新興国債券は為替の変動が大きすぎてシニア投資には向かない
- 債券を選ぶ際の基準は、発行体、利率、利回り、償還日、通貨、格付けの6つ
- 利回りと安全性のバランスからお勧めなのは米ドル建て債券

第3章

おすすめ商品、人気商品は罠だらけ。金融機関の提案が要注意な理由

シニア投資を行うにあたって、金融機関はとても大切なパートナーです。しかし、実際にはいろいろなトラブルが多発しており、営業担当者が口にするフレーズや金融機関が勧める金融商品にも要注意なものがあります。

金融機関に任せきりはトラブルのもと

○担当者がいい人でも任せきりはNG

まとまったお金を運用する場合、ほとんどの人が誰かに相談して決めるはずです。そして多くの場合、まずは付き合いのある金融機関の担当者に相談しているのではないでしょうか。

近年はネット証券で独自に売買する人も増えましたが、それでも大金を自分一人で判断して投資するのは不安だと思います。

ただし、金融機関との付き合い方には注意が必要です。投資家の目的に合わない商品を勧められたり、それによって大きな損失を被ったりすることはザラにあります。

私が接してきた個人投資家の方たちの中には、担当者への情に流されて、大きな失敗をしている人もたくさんいました。

もちろん担当者はお客様に利益をあげてほしいと常に考えていますし、親身に相談に乗ってくれる人も多くいます。でも、**担当者がいい人であることと、提案の質とは、分けて考えなければなりません。**

担当者は商品販売のプロであって、資産形成や運用・管理を行うプロ＝アドバイザーではないことがほとんどです。どんなに相談しても、投資は最後は自己責任ですから、投資家も自分で商品の良し悪しを見極められなければならないのです。

◯驚愕！　金融機関のお勧めで数百万円の損失も

金融商品の取引を巡るトラブルは、昔も今も変わりません。政府による「貯蓄から投資へ」の掛け声の一方、高齢者の増加、金融機関の経営環境の悪化などにより、トラブルは減るよりもむしろ増えているのではないでしょうか。

特に、退職金の運用などの、シニア層の投資においては、トラブルによる損失の額も大きくなります。数百万円を失ったという人も少なくありません。

どんなトラブルがあるのか、私が相談を受けた例でいくつか紹介します。

トラブル1：安全志向と真逆の新興国債券を勧められ資産が半減

Aさんは長年勤めた会社を定年退職し、数千万円の退職金を受け取りました。老後に備え、この退職金は全額、安全な個人向け国債に振り向けるつもりで証券会社を訪れました。

Aさんが証券会社の窓口で個人向け国債の購入意向と希望金額を伝えたところ、なぜか別室に通され、いきなり「担当者」を名乗る男性社員が現れます。その場では、予算や資金運用の方針を伝え、口座開設の手続きを完了。後日、資金を振り込んで個人向け国債の購入手続きに移ろうとしたときのことです。

担当者が自宅に頻繁に電話を掛けてきて、**振り込んだ資金の一部で新興国債券を買**

うよう強く勧めてきたのです。「日本国債よりもずっと金利が高い」「今後、経済成長も見込める」といった説明を繰り返し、投資資金の一部だけでもと強引に勧められたため、付き合いのつもりでトルコリラ債を300万円ほど購入しました。

しかし、その後、トルコリラは中東を巡る紛争の混迷もあって大幅に下落。**買い付け時には日本円で300万円だったのが、150万円程度へ半減**してしまいました。

しかも、トルコリラ債を熱心に勧めた担当者は、満期償還期限を迎える前に転勤してしまい、なしのつぶてとなってしまいました。

トラブル2：新規公開株と公募増資株の失敗で1600万円の含み損

親からまとまった資産を相続したBさん。以前から付き合いのある証券会社の担当者から新規公開する某通信会社の株を勧められました。「この株は非常に期待できるので、人気があってなかなか手に入りません。この銘柄でこれまでの損を挽回しましょう」とのことで3万株申し込んだそうです。

その後、担当者からは「頑張って取ってきました」と申し込んだ3万株がすべて取れたとの連絡を受け、さらに「本社でキャンセルが出たので追加で取れそうです！追加で申し込みましょう」との提案を受けましたが、さすがに余裕資金の上限を超えるのでそれは断ったそうです。

この株式は上場後、株価が大きく下落。Bさんは気が気でなく、すぐに売却しようとしましたが、担当者から「配当が出るから持っていれば大丈夫です」と言われ、その言葉を真に受け保有し続けました。

その後、大手生命保険会社の公募増資が発表されると話が変わってきます。担当者は「これで通信会社の株の損失を取り返しましょう！」と勧めてきました。その言葉を信じて**通信会社の株を損切りし、約７５０万円の損失が確定。代わりに生命保険会社の株を買いました。**

ところが、結果は最悪。まず通信会社の株は売った直後から値上がりしました。一方で生命保険会社は不祥事で株価が下落し、約860万円の評価損が発生。**結局、合わせて約1600万円ものマイナスとなってしまったのです。**

トラブル3：銀行で外貨建て商品をしつこく勧められ含み損に

Cさんは、取引のある銀行から外貨キャンペーン（為替手数料の割引き）中に「今、外貨を買うと非常にお得ですよ」と勧められ、特に**豪ドルが狙い目ということで、10万豪ドルを3ヶ月定期で組みました。**

3ヶ月後、満期になったとき為替が円安になっていた（為替差益が発生していた）ので嬉しい結果に。そこで**円に戻そうとしましたが、銀行の担当者から今度は豪ドル建ての変額保険を勧められました。**「まだまだ円安に行くと思いますよ。それに保険で持てば将来減ることもありませんし、今より5％上がれば自動的に円になって返ってくるのでタイミングも逃しません」とのこと。Cさんは内容をよく理解できないまま、乗り換えることにしたそうです。

しかし、実際にはその後、**為替は円高に進み**（**買い付け時の1豪ドル90円が75円に**）、**為替だけで150万円の評価損が発生**。しかも、保険の満期まであと5年あり、それまでは解約すると多額の違約金も発生します。円安になるのを願うしかありませんが、5年後に果たしてどうなっているのか、気が気ではありません。

確かに、豪ドルのままであれば保険金額は確定なので減りませんが、円換算では大きく減る可能性があります。また、**保険契約時の初期コストが高いため、積立金が5％を超えることは容易ではない**でしょう。

トラブル4：担当者に勧められて米国株式の取引をしたが手数料が高すぎた

Dさんは60代の男性です。親の相続をきっかけに証券会社に口座を作り、担当者から勧められて米国株式の投資を始めました。親から引き継いだ資産だったので、多少の値動きがあっても長期投資すればいいという気持ちでいましたが、ちょうど米国株式相場が大きく上昇していたこともあり、購入する銘柄がことごとく値上がりしていきました。

利益が出ていることもあり、Dさんは担当者から勧められるままに米国株を買っていましたが、コロナショックで状況は一変。**これまでの利益が吹き飛ぶほどの評価損**となり、慌ててこれまでの取引を見直してみることにしました。

すると、通常、証券会社を通じて証券取引所に注文を出す「委託取引」ではなく、証券会社との相対で売買をする「仕切取引」で売買をしていることに気づきました。確かにそのような説明があった気はしたのですが、委託と仕切と言われても対して気にしていませんでした。

そこであらためて調べると、**「仕切取引」で購入した株価は前日株価終値から1～2%程度高い価格で購入や売却をしており、委託注文に比べると300万円以上も高い手数料を支払っていた**ことがわかりました。

Dさんは、これまでは商品にさえ気をつければ大丈夫と思っていましたが、まさか取引方法でこんな違いがあるとは知らなかったといい、今では自分で注文を出すようにしているそうです。

トラブル5：2500万円のコストをかけて利益はたった400万円

少し大きな金額の事例です。投資金額が大きいほど、失敗したときのダメージは大きくなってしまいます。

ある有名企業の元役員であるEさんは、3億円の余裕資金を5年間、銀行が勧める投資信託で運用していました。
５年間でのトータルのリターンは４００万円程度。年平均０・27％の利率にしかなりません。相場は悪くなかったのに、これほど低いリターンしか得られないのは不自然です。

実はこの裏には、高額の手数料が隠されていました。
購入当初の販売手数料が７５０万円。毎年の運用手数料が３５０万円。**ただ投資信託を保有していただけで、なんと合計２５００万円ものコストがかかっていたのです。**Ｅさんは損はしていないとはいえ、４００万円の利益のために２５００万円も使ったことになります。**最も高い利益を得たのは銀行です。**誰のための投資だったのでしょうか。

以上のほかにも金融商品の販売にまつわるトラブルのケースは、新聞、雑誌、ネット上などに溢れています。

公的な情報としては、証券・金融商品あっせん相談センター（略称フィンマック）のホームページ上に、「FINMAC紛争解決手続事例」として紹介されています。あまりに数が多く、全部目を通すのは困難なほどです。

よくあるケースとしては、**高齢者への無用なリスク商品の提案、過度な売買頻度の取引、リスクの高い商品をあたかもリスクが低いように説明した後の大きな損失**によるトラブルが多くなっています。

信じられないような内容が多いですが、自分は関係ない、自分だけは大丈夫とは思わないようにしていただきたいと思います。

コラム 1

勧められたから買ったのに損した！ 損害賠償は請求できる？

株式や投信信託、債券など様々な金融商品の取引を巡るトラブルについては、金融庁の指定を受けた「金融ＡＤＲ（Alternative Dispute Resolution）」という機関がいくつかあり、中立・公平な立場での解決を図っています。

「証券・金融商品あっせん相談センター（略称フィンマック）」は金融ＡＤＲの代表的な機関です。法律に基づく7つの自主規制団体の連携・協力の下に運営され、金融商品取引に詳しい専門の相談員やあっせん委員（弁護士）が、中立的立場で相談等に応じてくれます。

フィンマックのホームページでは、実際にあった相談の事例が公開されており、トラブル予防のためにも非常に参考になります。コラムでは、ホームページに掲載されている事例の中からいくつか、要約して紹介します。

いずれも、投資家が大きな損失を被り、金融機関に対して損害賠償を求めたケースです。思わぬ損失を避けるためには、どんなときに、何がトラブルのもとになるのか、たくさん知っておくことも大切です。興味のある方はホームページも見てみてください。※https://www.finmac.or.jp/

申立人（男性、70代後半）の主張

もともと株を持っていたのですが、売却して、金融機関の担当者に勧められた運用を開始しました。ところが運用結果はマイナス。担当者は損失が膨らんでも報告してくれず、最終的に損失は5000万円にまで膨れ上がりました。損害金を賠償してもらいたいです。

被申立人（金融機関）の主張

本件の担当者は、申立人の株式等の取引において、提案の都度、申立人に説明を行って、売買の意思を確認していました。しかし担当者による行き過ぎた勧誘行為があったことは否めないと認識しているので話し合いによって解決したいと考えます。

紛争解決委員の見解

本件で取引された「ブル・ベアファンド」は、相場に詳しい人や毎日相場を見ている人が取引するものであり、中立人との適合性に疑念があります。また、一回の取引金額も大きく、ブル・ベア両建ての取引をしている時もありました。被中立人は中立人に商品知識がないことを知りながら取引を続けていたとも思えます。

以上のことから、被中立人から中立人へ、損失の５割程度の金額を支払う和解案を提案します。

結果

このケースでは、被中立人である金融機関が１２５０万円を支払うことで双方が合意し和解が成立したようです。

大きく損失が出たとき、「勧められたから買ったのに損した」「大丈夫だというから信じたのに騙された」などと感じてしまうことはよくあります。しかし、そう簡単には「金融機関が悪い」とはなりません。よほど強引な勧誘をされたり、虚偽の説明があったりした確たる証拠がなければ、投資家が自己責任で取引したことになります。当然、金融機関の担当者もその線引きは心得ていますから、「絶対儲かる」「間違いなく増える」などということは言わないはずです。

そもそも未来のことは誰にもわからないのですから、株が上がるのも下がるのも金融機関の責任の範疇ではありません。結局は投資家が自分で判断するしかないので、慎重に取引してもらいたいと思います。

これが出たら要注意！金融機関のセールストーク

○営業には決まり文句がある

金融機関の窓口で相談する場合、投資家からすれば相談のつもりでも、営業担当者（セールス）にとっては営業の場です。

もちろん熱心に相談を聞いてくれるはずですが、だからといって、相談内容に適した商品を提案してもらえるとは限りません。むしろ、**投資家の要望と商品の特性がかみ合っていないことのほうが多い**ようにさえ思えます。

多くの人にとって相手は金融のプロですから、「言いなりになるな」といわれても難しいと感じるかもしれません。

でも、そんなことはありません。担当者が売り込もうとしているときは、だいたい決まり文句があります。

ここでは、もし担当者の口から出たら気を付けるべき要注意フレーズを紹介しておきましょう。

○新たに商品を買うときの要注意フレーズ

「今はこれが儲かると思います」
「これが人気の商品でよく売れています」
「過去のデータからは値上がりが期待できそうです」

これらは、特定の商品や銘柄を勧めるときの定番フレーズです。断定はしないようにしながら、「儲けたい」と思う投資家の気持ちに働きかけてきます。

いかにも根拠があるように提案してきますし、みんなが買っていると言われると、妙な安心感や、早く自分も買わなきゃという焦りが生まれてしまいます。

しかし、**担当者が儲かると思っていることも、みんなに人気があることも、過去に**

いいデータがあることも、「今、自分が買うべき理由」にはなりません。

「今はこれが儲かると思います」↓何を根拠に？
「これが人気の商品で良く売れています」↓すでに人気であれば割高なのでは？
「過去のデータからは値上がりが期待できそうです」↓未来の保証にはならない

まずは「自分にとって」必要な投資なのかを考えましょう。**「減らしたくない」と考えている人は極力リスクを取らない投資を考えるほうが重要でしょう。**

「～さんにだけ用意できました」
「こんなチャンスはめったにありません」

これらは株式投資の一種である新規公開株（IPO）や公募増資・売出し株（PO）を勧める際に気を付けたいフレーズです。

最近では、トラブル事例でも紹介した、大手通信会社の新規公開株や大手保険会社の売出し募集でよく使われたフレーズではないでしょうか。

誰もが知る大企業の株が買えるチャンスのように思えるかもしれませんが、これは提案の枠が相当余っていたからだと考えられます。

通常、**人気の高い新規公開株が個人投資家に提案されることはあまりありません。**規模が大きいものほど注意が必要です。

証券投資において、うまい話には裏があると思うぐらいでちょうどいいと思います。

「このまま預金で置いていても、もったいないですよ」

これは預貯金の低金利にうんざりしている人の気持ちをくすぐるフレーズです。

このフレーズが出た後、預金から他の金融商品への乗り換えを勧めてくるでしょう。その場合は変額年金保険や債券投資を中心とした投資信託、あるいは最近話題の

「元本確保型」や「リスクコントロール型」など、ローリスクだと主張する商品の提案が出てきたら、注意が必要です。

確かに預金金利はほとんどゼロに等しいですから、もったいないという感覚は理解できます。だからといって、**預金をリスクにさらす必要が本当にあるのかどうかは、金利の多寡には関係ありません。**

一見値動きが少なそうであったとしても、投資にはリスクがつきものです。そもそも投資に使っていい資金ではなければどんなに良い商品であっても乗り換えしてはいけません。**もったいないという理由だけで大切な資金をリスクにさらすのは避けましょう。**

○ 運用成績が悪化したときの要注意フレーズ

「今はもう少し様子を見ましょう」

「そのうち戻りますから大丈夫だと思います」
「年末（●月）には上がってきますよ」

勧められた商品で大きな含み損が発生したとき、みなさんならどうするでしょうか。どうすればいいのか不安になり、まず担当者に問い合わせるという人は少なくないでしょう。

そんなときに担当者から返ってくるのがこのフレーズです。「とにかく様子を見ましょう」「もとに戻ります」と言われると、とりあえず何もしなくていいので、つい安心してしまいがちです。

しかしこれは、何を根拠に大丈夫だと言っているのでしょうか。**担当者のその場しのぎだとも考えられます**。

株や投資信託の場合、売却しない限りは損失も確定しません。**大丈夫だと言ってずっと保有してもらえば、結果は出ない**のです。

意地悪な見方をすれば、これは単なる時間稼ぎにも使えます。**そうしている間に担当者が転勤などで外れてしまえば、あとは知らんぷりすることもできる**わけです。

もしも購入した商品が値動きが大きい商品で、リスクも理解した上で購入したのならば、タイミングが悪かったと反省するところです。しかし、当初の想定以上に値下がりしたり、思わぬ下落をしたのであれば、今後について見直しをするのか追加投資をするのか、対応を考えておく必要があります。

ただ単に理由もなく様子見を何週間も何ヶ月もしている方もいらっしゃいますが、それでは現実から目を背けているのと同じです。

投資に絶対はありません。もし想定外のことが起きたなら、どんな対策があるのかをしっかりと考えておきましょう。

○解約したいと申し出たときの要注意フレーズ

「今売るのはもったいないです」
「もう少し様子を見てからのほうがいいですよ」

投資信託やファンドラップを解約しようとすると、こんなフレーズが返ってくることがあります。

その結果どうなるのかは、未来のことですから誰にもわかりません。含み損が膨らむかもしれませんし、逆に回復する可能性もあります。

ただ一つ言えることは、**投資信託やファンドラップを保有し続けてもらったほうが、金融機関は儲かる**ということです。保有期間中は信託報酬が発生し、利益になるからです。

ですから、含み益があるときに売却しようとしても同じような返事が返ってくる可能性があります。売却して乗換提案をする場合もありますが、投資信託の回転売買数は証券会社ごとにチェックされているので、逆にいえば、値上がりしていて一部もしくは全部を売却するべきと担当者が考えたとしても、1年以内はもちろん、そもそも売却の提案がされない可能性が高いでしょう。

かつては投資信託をどんどん乗り換えさせて、販売手数料を稼ぐ手法が流行ったこともありましたが、現在は短期売買が推奨される時代ではありません。そのため、**残高によって手数料が入る商品は、長期継続してもらうことが営業担当者にとっては重要**なのです。

シニア世代ではいつかは投資資産を売却し、現金の割合を増やすことや値動きの大きい商品の割合を減らすことが必要となります。

ここでもただ様子見を続けるだけではなく、売却時期はいつ頃がいいのかを聞いてみましょう。

○シニア投資の目的を思い出そう

以上のような要注意フレーズが担当者の口から出たら、まずは少し考える時間を持つことです。相手の説明を聞くのはいいのですが、**基本的には金融商品を販売する側にとって都合のよい話ばかりで、実は「説明していないこと」や「売る側にとって都合の悪い話」がその裏にあったりします。**

シニア投資で考えるならば、とにかく減らさないことを第一に考えなければなりません。担当者の「儲かると思う」という言葉に惑わされてはいけないし、それよりもリスクの大きさを説明してもらうべきです。そもそも、**1円たりとも失ってはいけないという資金であれば、どんなに勧められても運用に回してはいけない**のです。

シニア投資とは何かをもう一度よく思い出してみてください。シニア投資と一般の投資をごちゃ混ぜにして提案してくる担当者は、あまり信用できないといえます。

金融機関の お勧め商品に 隠された落とし穴

○シンプルな投資が結局、資産を守る

金融機関の担当者がよく口にする注意フレーズを紹介しましたが、なぜこうしたフレーズが横行するかといえば、顧客の側にも「儲けたい」という思いがあるからです。「~さんにだけ」「こんなチャンスはめったにない」といった話につい、乗ってしまう気持ちもわからないではありません。

しかし、繰り返しになりますが、シニア投資は「どんどん儲ける」のが目的ではありません。現役時代にコツコツ貯めたり、退職時に手にしたりしたまとまった資産を「減らさないで儲ける」のが、シニア投資の大原則です。

手元の資産を減らさない投資というのは、なるべくリスクを減らし、適切なリターンを確実に得ることが基本戦略となります。

それに最も適しているのが債券であることを、ここまで様々な観点から説明してきました。債券は、満期になれば額面金額で償還され、それまでの間、定期的に利息が

つくのが一般的です。これほどシンプルな投資はほかにはありません。シニアにとっては、シンプルな投資が結局、資産を守るのです。

○時代遅れの毎月分配型投信は元本取り崩し投信ばかり

シニア世代のみなさんが、銀行や証券会社で「毎月、分配金が入ってきて、お小遣いのようなもの」としてよく勧められてきた商品が、毎月分配型の投資信託です。「毎月お小遣い」と言われれば、誰しも心が動くでしょう。しかし、毎月分配型の投資信託の仕組みを知ると、「なんだか話が違う」ときっと思うはずです。

毎月分配型の投資信託は、1ヶ月ごとに決算を行い、収益などを分配金として払い戻すものです。

ポイントは、分配金の中身です。毎月分配型の投資信託の分配金は実は、「普通分配金」と「特別分配金（元本繰戻金）」の合計です。毎月分配型は特別分配金のみのケースも多く、いわゆる「タコ足配当」の状態になっています。最近では投資家もそれに気づくことが多く、金融機関の提案も減りました。しかし今でも70～80代の方には、同商品を保有し続けている方が多くいます。

「普通分配金」は、投資信託の元本の運用により生じた収益から支払われ、利益として課税対象となります。一方、**「特別分配金」は「元本払戻金」とも呼ばれ、要は投資した元本の一部が払戻されるもの**です。当然、「特別分配金」の分だけ元本は減りますし、自分が払った分が戻るだけなので非課税です。

したがって、**毎月分配型の投資信託は、当初の元本がどんどん減っていって、そのうち底をつきます**。こうした仕組みを理解しないで購入すると、気がついたときには元本が大きく減っており、運用の部分でも株式相場や為替（外貨建ての場合）によって、損失が発生することもあるのです。

「毎月分配型」の投資信託は元本を取り崩している

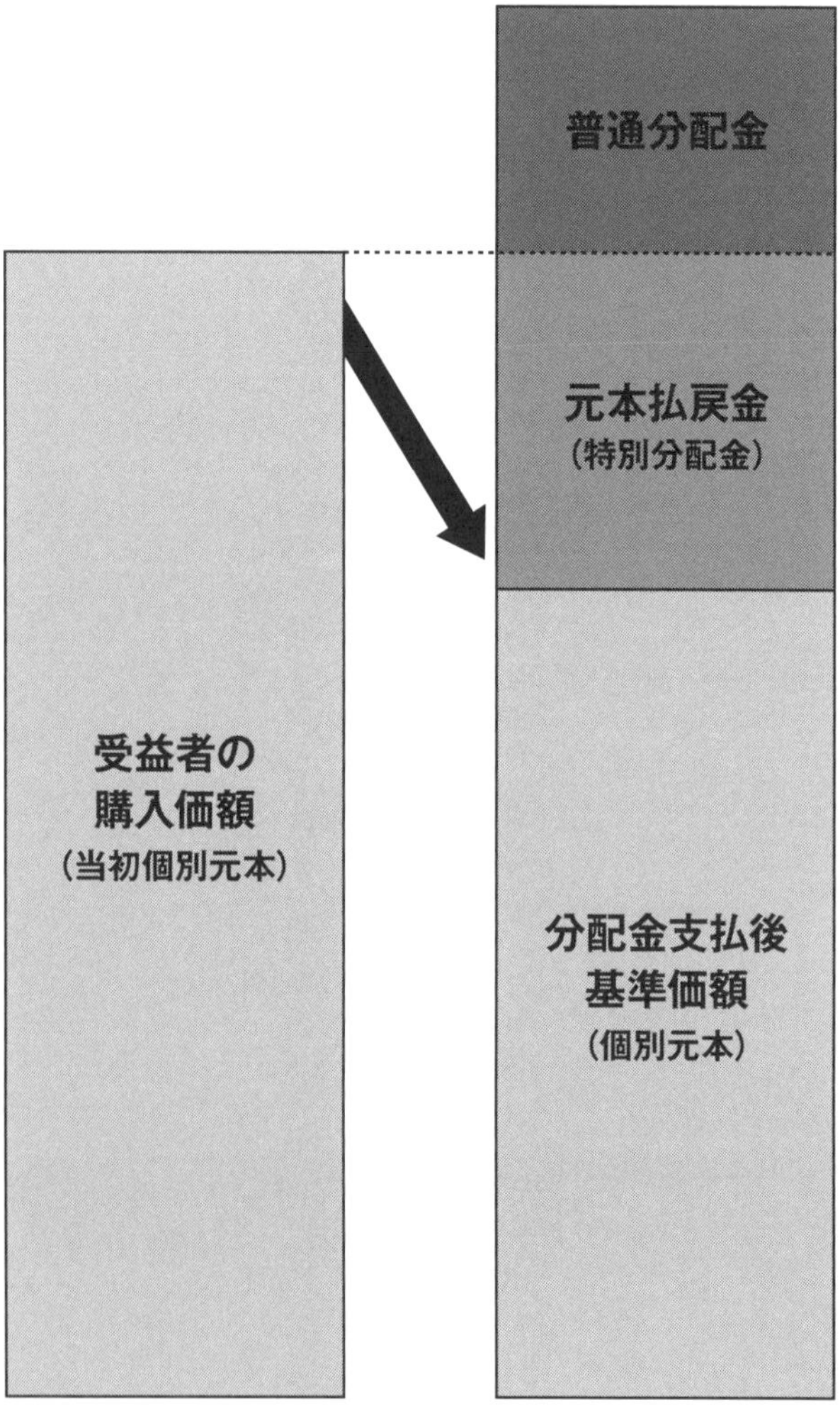

○「高金利キャンペーン」を理由に運用を始めるのは本末転倒

金融機関にまとまったお金を預けていると「投信やファンドラップで資産運用をしませんか?」と直接営業をかけられることがあります。

その際によく使われるのが預金の高金利キャンペーンです。資産運用をする代わりに、運用額と同額の預金に高い金利を1ヶ月~1年程度つけてくれるキャンペーンです。

資産運用でお金が増えるうえに、預金にも高金利がつく。しかも**今だけのキャンペーンというと魅力的に思えますが、飛びつくのは失敗のもとです。**

資産運用にはリスクが伴います。**資金計画を立てて、自分のニーズに合った運用でなければ無用なリスクとコストが発生する恐れがあります。**そもそも「キャンペーンに参加したいから」という理由で運用を始めるのは本末転倒です。

○話題の「テーマ型投資信託」は高値づかみ、売り逃し、高コストに注意

かつては新興国やIT、バイオをテーマにした投資信託がたくさん登場しました。最近では、ロボットやAI、EV、5GやESG、健康、連続高配当投資など話題のテーマに沿った、主に株式へ投資をする投資信託のことです。

こうしたテーマ型投資信託は、安易に手を出すと危険です。なぜなら、世間一般にニュースや新聞で取り上げられ周知の話題になるころには、関連株はすでに多くの人が購入して価格が上昇しているからです。**一般の投資家に盛んに提案されるのは、まさに株価がピークになろうというタイミングで、高値づかみになりやすい**のです。

そして一般の投資家がたくさん買って値がつり上がったところで、先行して買っていた人たちは早々と売り抜け始めます。そうすると値下がりが始まり、不安になった

人がどんどん売り、余計に値が下がり、結局「売り逃し」となってしまうことがよくあります。

また、こうした投資信託ほど、運用中に支払う「信託報酬」が高めの設定となっています。信託報酬は、日々の投資信託の価格から日割りで控除されているので、お金を支払っている実感がなく、つい忘れがちな手数料です。投資する期間が長くなるほど累積する信託報酬は大きくなっていくので、長期投資にはまったく適していません。

金融庁が作成した「平成28事務年度　金融レポート」においても、「過去の株式投資信託の販売動向を見ても、ブームに流され、株価のピークにおいて株式投資信託が最も売れる傾向が見られているが、個人投資家が安定的な資産形成を行うためには、こうした売買のタイミングを気にする必要のない、資金投入の時期を分散する積立投資を行うことが有益な方法と考えられる」と指摘されています。

テーマ型投資信託は、金融庁から長期的な資産形成に不向きであると判断されてお

り、だからこそ、つみたてNISAで購入できる投資信託からも除外されているのです。

○高金利の「新興国通貨」や「仕組債」はハイリスクすぎる

「新興国通貨」は、為替リスクに抵抗がなく、高い金利が貰えるなら安心だと考える方に勧めてくることが多く、「仕組債」は日経平均や特定の株式が償還までの期間（1〜5年程度）なら大きく下がらないだろうと考える方に勧めてきます。

いずれも投資判断の難易度とリスクが高く、投資経験の豊富なプロ向けの商品だと思います。運用初心者や安定志向の人には向きませんが、実際にはそういう方ほど購入している傾向にあります。

特に、「新興国通貨」は為替リスクが非常に高いのですが、株式のように過去に比べて割安ならチャンスと考えてしまう方が多いようです。しかし、株式と為替では投資の考え方がまったく違います。

「仕組債」も本来は法人や富裕層が数千万〜億単位で私募（オーダーで商品を作ること）で投資するものです。満期まで現金化することが難しいため、シニア世代の投資にはお勧めできません。

特に株式指数（日経平均株価やS&P500など）や個別銘柄を参照指数とした仕組債には要注意です。中には何十%もの年利率がもらえる仕組債もあり、とりわけ富裕層向けに金融機関が積極的に販売していますが、当然それだけの高い利率が付くということはハイリスクであることは間違いありません。

しかし、複雑な仕組みや条件がつくことで、そのリスクが見えにくくなります。「元本が減る可能性が低いうえに、高い利率を受け取れる」かのように感じて投資をしてしまう方が後を経たないのです。

お客様のニーズにそぐわない商品を、あたかも良い商品のように提案する販売側に問題があると思いますが、「投資には美味いだけの話はない」ことを忘れてはいけません。

○仕組みが複雑すぎる「外貨建て一時払い変額年金保険」

これは銀行でよく預金から振り替えることを提案される要注意の金融商品の一つです。保険の一種ですが、保障目的の保険ではなく、自分の将来の年金を補完するための運用商品です。

ところが、外貨建てであるため**為替の変動リスクがあるにもかかわらず、その理解が不十分であったり、運用コストや中途解約コストの高さを理解していなかったりして、販売後にトラブルが続出**。「保険だから安心」と思うのは大間違いです。

実際に契約している人に詳しく内容をお伝えすると、本人のニーズとは合っておらず、「預金のままではもったいないから」と言われて購入しているケースがほとんどです。解約しようとしても中途解約のコストが大きな損失になるので、結局はそのままということになりがちです。

金融機関が損失の30％を負担！　なぜ？

この事例もコラム1と同じく、投資家が損失を被り、金融機関に賠償を求めたケースです。

申立人（男性、70代後半）の主張

金融機関の担当者は、私の投資についての意向を無視して、商品内容やリスクについて詳しい説明を行わないまま、外貨建て債券を次々と勧めてきました。結果的に、為替相場の下落により4000万円以上の損失が発生したので、賠償してほしいです。

被申立人（金融機関）の主張

中立人は、担当者からの提案に対して、ご自身で判断して購入を決断されています。我々としては説明義務を果たしており、中立人は上場企業にお勧めだったことも

あり、「適合性原則」についての違反はないと思います。
中立人の請求に応じる理由はありません。

紛争解決委員の見解

事情を聞いたり証拠書類を確認したりしたところ、被中立人（金融機関）において重大な法令違反があったとまでは認められません。

しかし、担当者は、中立人が勤務していた上場企業の従業員持株会で積み立ててきた自社株を全株売却させて、リスク商品を次々と勧め４０００万円を超える損失を被らせています。

中立人の退職後の大事な資金の大半をつぎ込ませている点に鑑みると、被中立人が損害額の30％強を負担することで和解することが望ましいと考えます。

結果

このケースでは、紛争解決委員が前述のような見解を示し、当事者双方に対して和解による解決を求めたところ、被中立人（金融機関）が1300万円を中立人に支払うことで和解が成立しました。

なお、「適合性原則」とは、投資家保護のため、本人の知識や経験、財産から考えてリスクが大きすぎる商品などを積極的に勧めてはいけない、ということです。むしろ提案する側こそお客様からアドバイスを求められているのなら、過度なリスクを取ることを控えるようにおすすめするべき事案でしょう。

金融機関からの提案を見ると、積極的な運用を望むお客様に対しては、提案する商品と投資家のニーズに齟齬があることはあまりみかけません。しかし、安定的な運用を望む方やバランスを考慮した運用を望むお客様に対して提案している商品は、投資家のニーズよりもややリスクが高い商品や、一見するとリスクが低そうにみえて実はハイリスクな商品を提案しているケースが見受けられます。

投資家自身も話を鵜呑みにし過ぎず、「うまい話には裏がある」ことを忘れないようにしておきましょう。

第3章

ポイントまとめ

- シニア投資のスタートは生涯の資金計画を立てること
- 債券を買うときは「投資信託でなく個別の債券」をオーダー
- 金利とリスクのバランスがいいのは米ドル建て社債
- 金融機関の担当者が言う「儲かると思う」「大丈夫」は根拠なし
- やたら勧められる人気企業の新規公開株は「余り物」の可能性あり
- 顧客を軽視した金融機関の営業は金融庁も指摘している事実

第4章

無駄を徹底カット、安定度は劇的アップ。シニア投資の実践例

本章では、実例を通してシニア投資を取り入れることの効果を知っていただきます。金融機関の提案でどんな問題が起きていて、具体的にどういうやり方でシニア投資に切り替えるのか。よりはっきりとイメージできるようになると思います。

ケース1　Fさん・60代

米ドル建て債券を中心に運用益を確保

○何にどれだけ投資しているのかわからない

Fさん「証券会社2社から提案される商品を購入してきたのですが、あらためて自分の金融資産を見ると、何にいくら投資しているのか全体がわかりません。仕組みが複雑な商品も多く、特にファンドラップについてはあまり良くない評判を聞きました。このままでいいのか悩んでいます」

○知らぬ間に外貨建て仕組債が含み損まみれ

Fさんのケースは、**運用商品が複雑になりすぎています**。シニア投資の鉄則とは真逆の、よくある問題です。

保有資産の内訳を分析してみると、株式は優待目的で買ったものです。

【Fさん】60代前半、自営業

家族	妻、子2人
投資目的	年間300～400万円程度の運用益を確保したい
保有資産	現預金5000万円、証券1億2000万円、自宅4500万円

Before

国内株式（6銘柄）：800万円

円建て債券（2銘柄）：1500万円

仕組債（3銘柄）：3000万円

投資信託（3銘柄）：700万円

ファンドラップ：6000万円

年間投資コスト：120万円（証券資産対比1.0%）

↓

After

円建て債券：（3銘柄）3000万円

投資信託（3銘柄）：700万円

米ドル建て債券（5銘柄）：8300万円

年間投資コスト：3万円（証券資産対比0.025%）

仕組債は非常に複雑で、日経平均やブラジルレアル通貨に連動するもの、トルコリラ通貨に連動するものなどが入り組んでいます。**外貨建ての仕組債は為替変動によってかなりの含み損が発生している状態でしたが、残高だけではそれがわかりません。**

ファンドラップも富裕層向けの特別な商品と強く勧められたようですが、保有コストが年間2％程度もかかっており、Fさんも高すぎると思っていたそうです。

投資信託は、米国S&Pや日本株式に連動するインデックス投信を購入しており、こちらはご自身で選んだものでした。

問題のもとは、証券会社に勧められた商品を買いすぎたことでしょう。今後の運用について特に「こうしたい」というこだわりはないそうですが、年間300～400万円程度の運用利益が目的だとしたら、もっとシンプルに運用できるはずです。

○仕組債は満期を待って徐々に見直し

多額の為替差損を含む外貨建ての仕組債は、すぐに売却すると大きな損失となるので、満期まで継続保有してから、徐々に減らしていきます。

投資信託は低コストのインデックス連動型だったので継続保有。高コストのファンドラップはすべて売却。国内株式は優待目的でしたが、業績が低迷していたので売却。円建て債券は条件が良かったので継続保有し、ファンドラップ売却資金を個人向け国債に振り分けました。

こうして見直した後の資金で、米ドル建て債券を5銘柄に分けて買付けることにしました。利率は約4％あり、保有コストなしで年間300万円程度のクーポン（利息）が受け取れます。

複雑な商品をすべて手放して、コストも変動リスクも高い運用ポートフォリオから、利息収入目的の低コストな安定運用ポートフォリオに切り替えることで、Ｆさんの不安は解消できます。

ケース2　Gさん・50代

年間300万円超の運用コストをゼロに

○気づいたら元本が激減していてビックリ

Gさん「大手証券会社の営業員に勧められ、2013年から毎月分配型の投資信託を購入。気がついたら15銘柄、2億2000万円ほどにもなっていました。

仕事が忙しいため、毎月自動的に分配金が入ってくるのが嬉しかったのですが、数年ぶりに残高を確認すると、元金に大きな損失が発生していて驚きました。

売却しようにも、いつ売ればいいのかわからないし、銘柄が多いので管理もうまくできていません。

今後は値動きの少ない金融商品に変えてよりリスクを落とした運用をしたいと考えています。とにかく管理が楽で、値動きを気にしなくていい商品が理想です。仕事が自営業ですから、万が一に備えてすぐに現金化しやすいことも大事です」

○毎年306万円の莫大なコストがムダに

とにかく**コストがかかりすぎ**です。

投資信託の保有コストが毎年306万円ほどかかっている計算になり、**保有年数分のコストと購入時の手数料3%を合わせると、2000万円オーバー**。元金の損失はこの莫大なコストによって生じていることがわかります。

また、保有中の投資信託が15銘柄もありますが、全体の値動きを合成して分析してみると、ほとんど分散効果が出ていません。こんなにたくさんの銘柄を保有する必要はないでしょう。

○投資信託をそっくり手放してコストを一気にゼロに

Gさんのシニア投資への切り替えは単純です。管理が楽で値動きが少なく、現金化

【Gさん】50代、自営業

家族	妻、子2人
投資目的	楽に管理できて値動きが少ない商品に投資したい
保有資産	現預金1億円、証券2億3500万円、不動産8000万円

Before

株式：1500万円

投資信託（15銘柄）：2億2000万円

年間投資コスト：306万円（証券資産対比1.3%）

↓

After

株式：1500万円

個人向け国債：4000万円

米ドル建て債券（8銘柄）：1億8000万円

年間投資コスト：0

しやすいといえば、まさにシニア投資の要である債券がぴったりです。

保有している投資信託を米ドル建て債券と日本国債にそっくり切り替えてしまいます。**すぐに投資信託を売却し、その資金で米ドル建て債券を数銘柄買えば、年間３０６万円もかかっていた保有コストはゼロ**。金利を受け取りつつ満期を待つだけで、管理の手間も必要ありません。

また、銀行に預金として預けている資金についても、金利がほとんどつかないので追加で債券の購入を検討してもいいでしょう。

ケース3　Hさん・50代

値動きの大きい投信を売却してリスク低減

○損失が怖いけど売り時もわからない

Hさん「3年ほど前、金利がほとんどつかない預金に資金を置いている状況が気になり、預金先の都銀の窓口で相談をしたのが投資を始めるきっかけでした。その後、銀行員が勧める投資信託を購入してきましたが、よくわからないまま銘柄の数が増えてしまいました。各銘柄の商品性などもあまり理解できておらず、最近は損失が発生したりして、悩んでいます。今後の見通しや売り時もわかりません。

子どもが高校生、中学生、小学生と3人いて、これから教育資金も必要になります。投資でこれ以上大きな損を出すのは避けたいです。

自分では商品の良し悪しを判断できないのですが、銀行員にアドバイスを求めても要領を得ず、あまり信用できません」

○値動きの大きい商品は明らかにミスマッチ

少額とはいえ、いくつも投資信託を買って管理できなくなっているのは問題です。加えて、お子さんの教育費として使う予定の資金も投資資金の一部に回しているのも心配です。**いざ現金が必要なタイミングで大きく損失が出ている状況は避けなければなりません。**

保有している投資信託は、利益が出ているものと損失が出ているものが入り混じっています。また、**新興国の株式ファンドなど値動きが大きい商品はHさんの運用方針にはマッチしていません。**

○債券＋インデックス投信で十分

まず、管理できていない投資信託は一度すべて売却して、リスタートを切ります。

【Hさん】50代、会社員

家族	妻、子3人
投資目的	預金より効率良く運用できればいい
保有資産	現預金1000万円、証券1400万円、自宅3000万円、保険1100万円

Before

国内株式（2銘柄）：100万円

投資信託（5銘柄）：1300万円

年間投資コスト：10万円（証券資産対比0.71％）

↓

After

米ドル建て債券（2銘柄）：1200万円

投資信託（2銘柄）：200万円（米国S&P、日経連動）

年間投資コスト：2520円（証券資産対比0.018％）

Hさんは商品の良し悪しがなかなか判断できないということなので、比較的値動きが少なく、資金を守りながら確実に金利をとっていける米ドル建て債券2銘柄に投資します。

また、Hさんは50代の**現役で今後も稼ぎがありますから、資金の一部は投資信託に回します**。投資信託の中でも仕組みがわかりやすい米国S&P500、日経平均連動のインデックス投信の購入がベターです。

まとまった金額での投資は今後難しいですが、税制メリットを考えてiDeCoも開設しました。

ケース４　Ｉさん・60代

株ばかりの資産構成をシニア投資にスライド

○多額の株をどうしていいかわからない

Iさん「すでに定年退職していて定期収入はなくなりますが、株式で2億円を超える資産があります。株式の多くは持株会を通しての自社株です。

とはいえ老後の生活が気になっていて、今後どうするのがベストなのか悩んでいます。世界的な景気の減速も懸念されているため心配なのですが、過去に今より高値がついていた時期もあるので、なかなか売却にも踏み切れません。また、収入がなくなるため、少しでも株の配当などが入ってくれれば嬉しいとも思っています。保有株式の配当は年0・8％程度です。

株式を預けている証券会社からは一切連絡がこないので、相談先を探している状況です」

○資産が株に偏りすぎで危険

Iさんの今後についてヒアリングし、ライフプラン表を作成してみると、現状のままであれば、年金もいずれ入ってくるため、老後の資産が尽きることはほぼないでしょう。

ただ、**資産の大部分が株式に偏っているのは問題**です。株価が少し動いただけで**1000万円単位の含み損益が発生する懸念**があります。実際、直近の1年間だけでも数千万円の値動きがありました。これはリスクが高すぎます。

○目標株価を決めて徐々に株を売却

株に偏っている資産構成を、徐々にシニア投資、つまり資産運用・管理に最適なバランスに移行させていきます。

【Iさん】60代、無職

家族	妻
投資目的	定期収入がほしい
保有資産	現預金5000万円、証券2億円、自宅2000万円、保険1400万円

Before

株式（7銘柄）：2億円

年間投資コスト：0

↓

After

（見直し継続中）

株式（7銘柄）：1億4000万円

個人向け国債：2000万円

米ドル建て債券（2銘柄）：4000万円

年間投資コスト：0

保有中の株については、タイミングを見て売却します。**売却する目標の株価を決めて、目標に達したら一部を売却して米ドル建て債券投資へ移行します。**

すでに一部を売却し、4000万円ほど米ドル建て債券（年利4％程度）を購入しました。今後も株価の動きを細かく共有して、少しずつ債券に切り替えていくのがベストでしょう。

ケース5 Jさん・70代

ハイリスク投信をインデックス投信に

○70歳を超えた自分に適した商品がわからない

Jさん「現在保有している投資信託を保有し続けてよいのか疑問を感じています。これまでは銀行で勧められた商品をそのまま購入してきましたが、世界の株式相場が下落すると保有している投資信託の時価も大きく下がってしまいます。もう70歳を超えた自分にとって、投資信託は本当に適した運用商品なのでしょうか」

○投資信託のコストと商品タイプが問題

Jさんは3つの銀行からそれぞれ一つずつ投資信託を購入していましたが、分析してみると買い付け時・保有時ともにコストが高い銘柄（年間1・8％以上）ばかりでした。

さらに、**投資信託の商品タイプをみても、変動幅が大きい株式や外国通貨を投資対象としているものばかり**で、Jさんの年齢を考えるとリスクが高すぎるように思えま

【Jさん】70代、無職

家族	妻
投資目的	老後資金として分配金を受け取りたい
保有資産	現預金2000万円、証券2000万円、自宅2000万円、保険1000万円

Before

投資信託（3銘柄）：2000万円（いずれも海外債券、毎月分配型など）

※年間投資コスト：36万円（証券資産対比1.8%）

↓

After

投資信託（3銘柄）：2000万円（インデックス投信）

※年間投資コスト：4万円（証券資産対比0.2%）

す。

特に問題なのは、Ｊさんご自身がそうしたリスクをよく理解できていないことで、このまま保有し続けることはお勧めできません。

○投資を楽しむならルールを決めて

Ｊさんの年齢から考えると、投資信託ではなく、明らかに債券を中心にしたシニア投資のほうが適しています。

ただ、Ｊさんは投資が好きで、投資信託をゼロにはしたくないということなので、まず現状の高コスト・高リスクの投資信託はいったん売却し、信託報酬の低い銘柄への切り替えを行いました。

手数料やランニングコストが安く、また値動きの大きい商品は控えるという運用のルールを決めることが大事です。

ケース6 Kさん・50代

ストレスの少ない商品で年利3%を実現

○マーケットが気になってストレス

Kさん「相続で受け取った資金を使って、3年前から2つの大手証券会社と1つのネット証券で投資を始めました。

いろいろ勧められて購入していったところ、いつしか債券、外国株式、各種投資信託など多数の商品を持つことに。ところが、2018年10月のマーケット下落を受けて、現状の運用でよいのか心配になりました。仕事中はマーケットをチェックできないのですが、株価の動きが気になって、精神的な負担になっています」

○年利3%の運用収入という目的と商品がかみ合っていない

それまでKさんが購入してきた株式や投資信託では、**配当などが多少高くても値動きが大きく、トータルで大きくプラスになることもあれば、マイナスになることもあ**

【Kさん】50代、パート

家族	夫
投資目的	定期的な金利収入がほしい
保有資産	現預金2000万円、証券5500万円

Before

外国株式（3銘柄）：1500万円

投資信託（2銘柄）：1000万円（ほとんどが外国株式で毎月分配型）

個人向け国債（2銘柄）：1000万円

円建て社債（1銘柄）：2000万円

※年間投資コスト：15万円（証券資産対比0.27%）

↓

After

外国株式（1銘柄）：100万円

米ドル建て債券（2銘柄）：2400万円

個人向け国債（2銘柄）：1000万円

円建て社債（1銘柄）：2000万円

※年間投資コスト：0

ります。

運用資金に対して年間3%程度の利益があればとのことなので、目的と商品の特性がかみ合っていません。

○値動きの大きい株式は不要

年間3%の運用収入ならば、米ドル建ての債券で十分でしょう。価格変動の大きい株式を使う必要はありません。

そうこうしている間にもKさんは、証券会社から「損失を取り返しましょう」「こちらがお勧めです」などと新たな提案を受けていたそうです。勧められるとつい買ってしまい、さらに損失が膨らんでいきました。

そこまできてKさんもやっと決断され、**どうしても持っておきたい株以外はすべて売却し、利息で3%の運用収入を得られる米ドル建て債券を購入**しました。

ケース7 Lさん・70代

付き合いで買った株を半分にしてリスク軽減

○90銘柄の株と投資信託で混乱

Lさん「相続で引き継いだ資金をもとに、数年前から株式投資を始めました。その後、どんどん銘柄が増えてしまい、今では国内外の株と投資信託、併せて90銘柄も保有しています。

現状は株の配当もあるので生活するには十分ですが、このまま配当額が維持されるかは不明ですし、そもそも株価の下落が心配です」

○担当者への情で手放せない株

Lさんの生活は、株の配当収入や不動産からの収入、年金収入でまったく問題なく、**あえて株式を保有してリスクを取る必要がありません。**

それにもかかわらず90銘柄も保有しており、Lさん自身も、どんな業種の銘柄なのかさえ把握できていない状況でした。

以前は株の値上がりが楽しみだったそうですが、今ではある程度の配当収入があればいいという考え方に変わってきているとのことなので、なおさら90銘柄も持っている理由はありません。

さらに言えば、Lさんに**万が一のことがあった場合、これだけの銘柄数・金額の株式をご家族が引き継ぐことになり、大いに戸惑うことも予想されます。**

これでもなかなかLさんが株を手放せないのは、どうやら証券会社の担当者との付き合いが影響しているようでした。自分が株を売却して担当者の営業成績が下がってしまうのを気にかけているわけです。

【L さん】70 代、無職

家族	妻
投資目的	収益性重視で、株ばかりの投資を見直したい
保有資産	現預金 5000 万円、証券 3 億円、不動産 1 億円

Before

国内株（52銘柄）：１億8000万円

外国株（28銘柄）：6000万円

投資信託（10銘柄）：6000万円

※年間投資コスト：90万円（証券資産対比0.3%）

↓

After

（見直し継続中）

国内株（30銘柄）：１億3000万円

外国株（10銘柄）：2000万円

米ドル建て債券（３銘柄）：1億5000万円

※年間投資コスト：0

○最後は本人の決断次第

この場合は、とにかく本当に必要な株以外は、すべて売却することに尽きます。**ネックになっていたのは、証券会社の担当者への情のみ**です。これぱかりは本人に決断してもらう以外にはありません。

結果的にLさんは、株式の半分を売却しました。残りの半分は、やはり株の値上がりが楽しいので保有しておきたいとのことでした。

このような、投資の好みや、担当者との付き合い方は、本人の性格や感情の問題なので外野がとやかく言うことでもありません。「いつもお世話になっている担当の方を裏切るようなことはできない」という方は実際にはたくさんいますし、心情的にはよくわかります。

もちろん担当者も悪意を持っているわけではないですから、**十分に資金に余裕があ**

るならば、お付き合いでもいいと思います。

ただ、**老後の家計やご家族にネガティブな影響がないかどうかは、第三者の意見を聞いたりして、一度立ち止まって考えてみたほうがいい**でしょう。

第4章

ポイントまとめ

- 利益が出ていても、それ以上にコストがかかっていないか要注意
- 為替差損や保有中の信託報酬など、「見えない損失」を抱えている人は多い
- 金融機関の担当者に様子見を勧められて損失が大きくなることも多い
- 値動きの大きい株や投資信託は、想像以上にストレスになる
- 債券中心のシニア投資に切り替えるだけで、運用コストは劇的に下がる
- 株式の配当、投資信託の分配金よりも、債券の金利のほうが安定して高い利益を得られる可能性がある

第5章

金融機関に
お任せはもう終わり。
今投資家の
支持を集めるIFAとは

資産運用の相談というと、大手金融機関に頼る人がほとんどです。しかし金融庁の指摘もあるように、従来の金融商品の販売手法は、投資家にとって決してベストではないケースもあります。とはいえ、ネットなどで投資家が自ら調べ、投資の判断をするのも簡単ではありません。

では、どうすれば後悔のない選択ができるのでしょうか?

本章では、個人投資家のみなさんが金融機関とどのように付き合っていけばいいのかを解説します。

金融機関の営業はセールス。アドバイザーにはなれない

○金融商品の手数料商売に走る金融機関

前章まで説明してきたように、現在の金融業界における資産運用営業のあり方には、限界がきているといわざるを得ません。顧客本位の提案というアドバイザーの基本理念を金融庁もたびたび指摘してきており、少しずつ改善されていますが、まだまだスピードが足りないと感じています。その間にも多くの個人投資家、**特にシニア世代には適切とは言い難い資産運用の提案がされています**。

こうした問題の背景には、金融機関が置かれた苦しい状況があります。

国内には現在、約1500の金融機関があり、そのうち圧倒的に多いのがいわゆる銀行です。その数は、都市銀行、信託銀行、地方銀行、第二地方銀行、その他銀行、信用金庫、信用組合まで合わせると488あり、全体の約3分の1にもなります。

しかし、銀行はいまや斜陽産業と呼ばれつつあります。特に地銀は2019年3月期、全体の半分にあたる54行が本業で赤字となり、うち27行は5期以上連続で赤字です。経営の先行きへの危機感はメガバンクも強く、地銀ほど業績は悪化していませんが、いち早く人員削減や店舗網の縮小に乗り出しています。

特に、超低金利や資金需要の減少により、**個人が預けている預金を融資に回して収益を上げることが難しくなっており、その分、投資信託や外貨建て変額保険などの販売に力を入れています**。本来、資産運用提案が本業ではない銀行員だけでは提案の難しい顧客に対しては、グループの証券会社と連携して協働で資産運用提案を行っています。

○担当者の努力ではアドバイザーになれない

こうした状況は300社弱ある証券会社も同じです。むしろ個人投資家向けの金融サービスを中心としている証券会社の営業担当者ほど苦しい環境にいます。

大手証券会社は、株式手数料の自由化によって売買手数料の安いネット証券に個人投資家を奪われて以降、**投資信託やファンドラップなど多種多様な商品提案で手数料を得るビジネスモデルに移行してきました。**アベノミクスが始まってからは、株式相場の長期的な上昇によって業績も大きく回復しましたが、昨今の相場の調整や回転売買への厳しい監視によって、収益機会が減っています。

金融機関も商品乗換中心の販売手数料ビジネスから残高フィーモデルへの転換を模索しています。しかし、会社として高い人件費などを中心に高コスト体質であることから、なかなか転換が進まない状況が続いています。

また、証券会社では、各支店の営業担当者を対象に、取り扱い金融商品についてや、相続・生前贈与のような資産に対する悩みを解決するための商品提案についてはは積極的に研修を行っていますが、**顧客の相談に応じるための資産設計やライフプランニングについての知識は、現場である支店ではほとんど求められません。**

もちろん、大手金融機関なら、ライフプランや資産形成のシミュレーションをお客様にiPadなどで説明するシステムは社内にはあります。ただし、目先の営業成績を求められたり、転勤したりする営業担当者が、長期的な目線で提案をしながらフォローできるかというと難しいと言わざるを得ません。

営業担当者も組織の一員ですから、会社から予算化された商品販売やその他の業務（例えば、新規資金の入金、投資信託やファンドラップの残高を増やす、遺言書を作成してもらう、新規での取引を増やす、など）を達成するために仕事をするのは当然です。担当者にも自分の将来や養う家族、社内での競争もあるわけですから、その中で自分を犠牲にして会社の指示に背くのは簡単なことではありません。

もちろん、だからといって個人投資家に何を提案してもいいという話にはなりません。担当者個人の問題ではなく、業界として変化しなければいけないということです。

こうした背景があるため、**証券会社の営業担当者からの話は、個別の金融商品の紹介になりがち**なのです。ライフステージや家計状況、今後の生涯設計を踏まえた、トータルなアドバイスはほとんど聞かれませんし、何より継続してフォローすることが困難です。

その他、保険会社も現在、超低金利による運用難に苦しんでいます。人口減少が進みっつあり、国内の保険マーケットは縮む一方です。

その中で、**外貨建て変額保険が銀行でも積極的に販売提案がされていますが、為替リスクや解約手数料についての丁寧な説明がなく、トラブルが続出しています。**

投資家として やってはいけない こと、やるべきこと

○個人投資家にも金融リテラシーが求められる時代

金融機関のこうした現状を前に、個人投資家のみなさんにはぜひ、「やってはいけないこと」を知っておいていただきたいと思います。

例えば、年配の方ほどインターネットをあまり使わず、普段から情報収集が少ない傾向があります。そのため、資産運用をしようとなったとき、金融機関の窓口での相談がメインになります。そういう方ほど、**勧められた金融商品を疑いもなく購入してしまいがちですが、これは要注意です**。

自分がよくわからないまま相手に任せていると少しずつ損失が発生し、疑問に思って相談しても、「様子を見ましょう」といわれるだけ。「そんなものか」と考えてしまい、そのうち**大きく元本を減らして大損してしまう方をたくさん見てきました**。

そのような方に客観的な立場からいくらアドバイスしても、購入した商品を整理することに対して、躊躇されることが少なくありません。

最近では本人がご高齢になり、心配になったお子さんたちがご相談にいらっしゃるケースも増えています。

資産運用は自己判断であり、自己責任といわれます。しかし、提案をされる側（個人投資家）とする側（金融機関）との間には信頼関係がベースにあるべきです。長い付き合いを大切にするのもいいのですが、〝腐れ縁〟になっていないか。頭で理解できても、ズルズル取引を止められない人も多いようです。

本当の信頼関係とは、お互いのメリットの上に成り立つものでしょう。そして、私たちアドバイザーは常にプロフェッショナルとして、お客様に適切なアドバイスを提供することが使命であるはずです。

これからの時代、**個人投資家にも一定の「金融リテラシー」が求められます。**「金融リテラシー」とは、お金や投資に関する知識や判断力のことをいい、社会の中で経済的に自立していくために必要なものといわれています。

ただし、そうは言っても普段使いしない知識や専門用語は調べるだけでも億劫なものです。まずは、「やってはいけない」お金や投資の事例から、失敗しないことに重点をおいてみてはいかがでしょうか？

成功は人それぞれですが、失敗には共通点があります。私はウェブの楽天証券メディア「トウシル」で「やってはいけない資産形成」と題して、多くの投資家が失敗しがちな事例を紹介しているので、ぜひ参考にしてみてください。

金融庁は「最低限身に付けるべき金融リテラシー」として、**①家計管理、②生活設計、③金融知識及び金融経済事情の理解と適切な金融商品の利用選択、④外部の知見の適切な活用**、の4分野に分け、さらに適切な収支管理やライフプランの利用など15項目を挙げています。

こうした中で資産運用については、難しく複雑な話のほうがなんだか役に立つように思われるのかもしれませんが、**資産運用は本来、シンプルでわかりやすいものほど良いと私は考えています。**

むしろ、金融商品や運用方法について難しい話を好む方ほど、基本を安易に考えが

金融庁が示す
「最低限身に付けるべき金融リテラシー」

1．家計管理	1）適切な収支管理の習慣化
2．生活設計	2）ライフプランの明確化及びライフプランを踏まえた資金の確保の必要性の理解
3．金融知識及び金融経済事情の理解と適切な金融商品の利用選択	**【金融取引の基本としての素養】** 3）契約にかかる基本的な姿勢の習慣化 4）情報の入手先や契約の相手方である業者が信頼できる者であるかどうかの確認の習慣化 5）インターネット取引は利便性が高い一方、対面取引の場合とは異なる注意点があることの理解 **【金融分野共通】** 6）金融経済教育において基礎となる重要な事項や金融経済情勢に応じた金融商品の利用選択についての理解 7）取引の実質的なコストについて把握することの重要性の理解 **【保険商品】** 8）自分にとって保険でカバーすべき事象が何かの理解 9）カバーすべき事象発現時の経済的保障の必要額の理解 **【ローン・クレジット】** 10）住宅ローンを組む際の留意点の理解 11）無計画・無謀なカードローン等やクレジットカードの利用を行わないことの習慣化 **【資産形成商品】** 12）人によってリスク許容度は異なるが、仮により高いリターンを得ようとする場合には、より高いリスクを伴うことの理解 13）資産形成における分散の効果の理解 14）資産形成における長期運用の効果の理解
4．外部の知見の適切な活用	15）金融商品を利用するにあたり、外部の知見を適切に活用する必要性の理解

※金融庁資料

ちです。それでうまくいくと基本を甘くみて、やがて大失敗につながります。

これからのシニア世代の投資では、信頼できる相談相手を選ぶことがますます重要になります。自分のライフステージや家族の状況、資産内容、そして価値観などをわかってくれている専門家に相談し、その意見を参考にすればいいのです。

○人生設計に沿った資産設計を描こう

資産運用を考えるとき、まず行うべきなのは生涯の資産設計を考えることです。一人ひとりの人生に合わせて「ライフプラン」と「資産運用・管理」を組み合わせることで、資産の設計図を描くことができます。私はこの作業を**「アセットプランニング」**と呼んでいます。家族構成、年間収支、今後想定される支出や資産状況に応じて預金、証券、保険、不動産、税金など各種資産の運用・管理をトータルに考えるのです。

アセットプランニング＝ライフプラン×資産運用・管理

20〜30代のうちは、ライフプランのほうがより重要です。家族構成が変化し、仕事でも昇進、転職などいろいろなことがあります。ライフプランはそれに応じて、適宜見直していくことになります。資産運用よりもまずは安定した生活基盤を作るために、スリムな家計や貯金、万が一に必要な備えなどを考えていきます。余裕ができれば、つみたてＮＩＳＡや iＤｅＣｏなどの資産形成に優位な制度を比較検討しながら、少しずつでもいいので投資知識と経験を増やすことが求められます。

年齢があがるにつれて、ライフプランは次第に安定していきます。そして、**資産が増えてくれれば、資産運用や管理が重要になります。**

特に50〜60代になると、それまでに蓄積した資産をどう運用するかが重要になり、70代以降では資産をどう管理して、自身の介護や相続に対応するかが求められます。そのため、**シニア投資では「資産運用・管理」がアセットプランのメインになります。**

若い頃の「資産形成期」では、アドバイザーに頼らず自分で勉強して投資知識や経験を積むことが望ましいのですが、**ある程度の資産規模や年齢になってくる「シニア世代」では求められる知識や実務も複雑になってくるため、信頼できるアドバイザーを見つけることをお勧めしています。**

資産運用の
新たな相談先
「IFA」

IFAは顧客本位の金融商品仲介業者

- □「金融機関の代理人」ではなく、「顧客の代理人」
- □ 会社都合の転勤がなく、顧客と長期にわたる接点継続が可能
- □ 金融機関のようなノルマに基づく営業がない
- □ 自社運用商品販売のしがらみがなく、顧客との利益相反が生じない
- □ 特定の金融機関（証券会社など）に所属せず、独立した立場

出典：みずほリサーチ＆テクノロジーズ株式会社「独立系フィナンシャルアドバイザー（IFA）に関する調査研究」

○資産運用のパートナーとしてのＩＦＡ

近年、資産運用の新たな相談先として普及し始めているのが、**ＩＦＡ（独立系フィナンシャル・アドバイザー）**です。

ＩＦＡの最大の特徴は、**特定の銀行や証券会社からは独立した存在で、中立的な立場でアドバイスができる**ことです。

金融機関の担当者は、販売のノルマが課せられていたり、特定の商品を売る必要があったりと、会社の都合に左右されてしまう面があります。これは投資家にとって明らかなデメリットです。

一方でＩＦＡは金融機関のように商品販売の予算や締め切りなどの会社都合に縛られることがなく、投資家の視点に立った提案が可能です。

ＩＦＡは資産運用などの金融サービスを提供する専門家であり、アメリカではすでに社会的に広く認知されています。

日本においても徐々にその数が増えてきており、メディアで取り上げられる機会も多くなっています。日本証券業協会の資料によると、ＩＦＡ法人を含む金融商品仲介業者の登録外務員数（法人所属）は、２０２１年6月末現在で４７３８名です。個人の金融商品仲介業者としての登録外務員数が２３７名おり、日本には現在合計で約３８００名のＩＦＡがいると推定されています。

金融庁も、家計が中長期的な資産形成を実現していくうえで、「貯蓄から資産形成」への推進が重要な課題であり、それには幅広い世代における金融リテラシーの向上が欠かせないとしています。そして、そのための金融サービス提供の担い手の一つとして、ＩＦＡの役割を高めていく必要があるとしているのです。

○提案と仲介までがIFAの仕事

日本でもアメリカでも、IFAが直接お金や資産を預かるのではなく、**IFAが契約している証券会社が投資家のお金や資産を預かり、IFAは商品提案やフォローに徹します**。投資家がIFAの提案に沿って投資をしたい場合は、IFAが契約する証券会社で取引を行うことで、IFAにも収入が入る仕組みとなっています。

IFAとして活動するには、証券会社と金融商品仲介契約を締結したIFA法人（金融商品仲介業者）に所属するか、直接個人で金融商品仲介業者の登録を行った上で、証券会社と金融商品仲介契約を締結することが必要です。

いずれの場合でもIFAは、金融商品仲介契約を結んだ証券会社を取引のプラットフォームとして利用しながら、資産運用・資産管理をお手伝いします。

IFA のサービス提供の仕組み

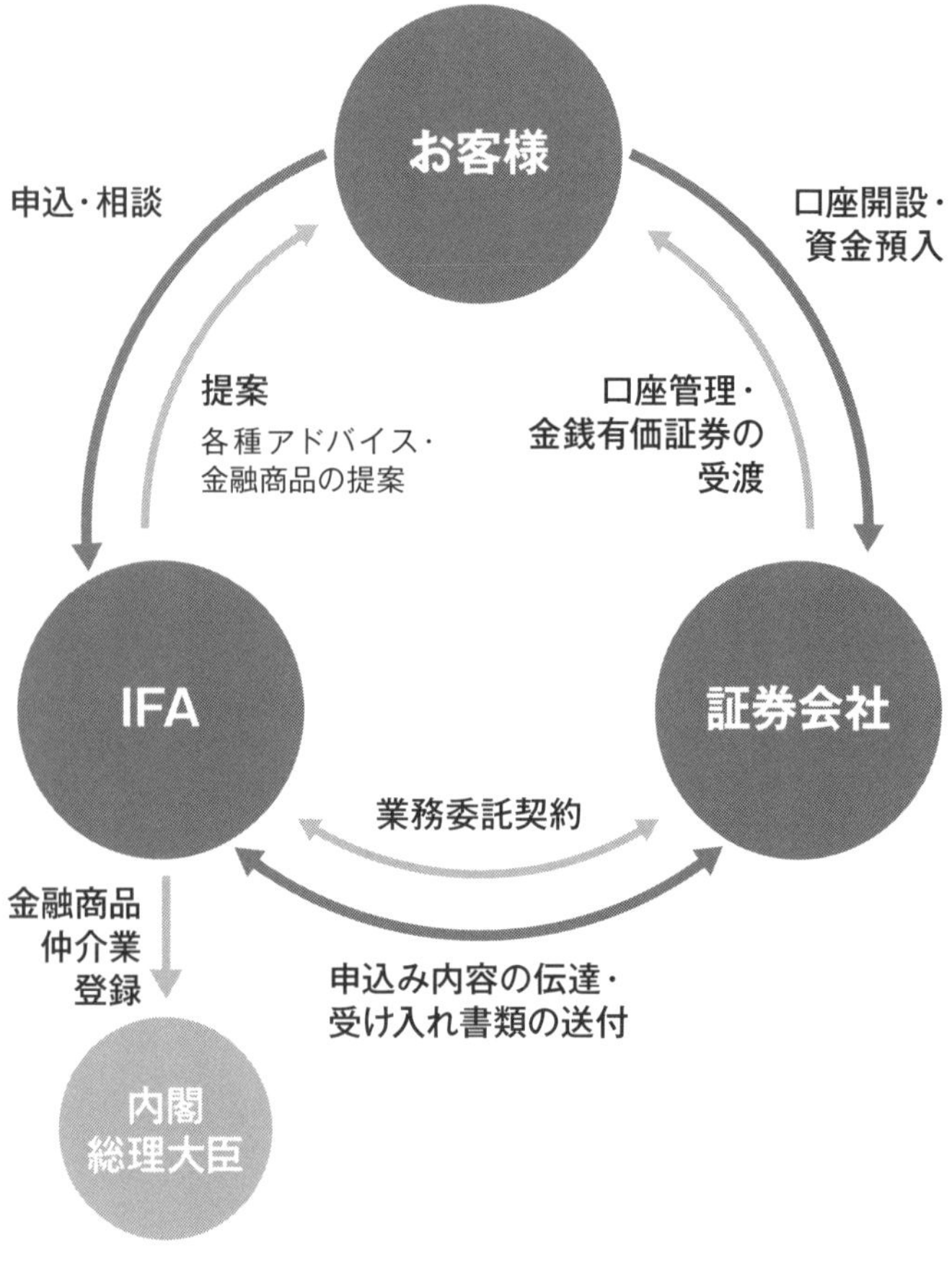

重要なことは、ＩＦＡは特定の証券会社と金融商品仲介契約を結びますが、社員というわけではないということです。基本的には独立した立場で活動し、ノルマがあるわけでもありませんし、特に会社都合による転勤がなく、個人投資家と長いお付き合いができるのが大きな特徴です。

そういう意味で、ＩＦＡは「生涯の資産パートナー」になれる存在だと私は信じています。

ちなみに、現在はどの証券会社であっても、取り扱える金融商品に大きな差はありません。むしろ現在ではネット証券大手のほうが、商品数は伝統的な金融機関よりも豊富に揃っている傾向にあります。大手国内銀行や証券会社だけでなく、超富裕層を対象とした外資系プライベートバンカーでもＩＦＡになる人が増えている現状からも、ＩＦＡに対するニーズの高まりを感じます。

○ＩＦＡに支払う手数料

金融情報サービス会社ＱＵＩＣＫの調査によると、ＩＦＡ業務の主な収益源としては、「証券の仲介手数料（コミッション）」が最も多く36・0％を占めます。

投資家のみなさんが**ＩＦＡを利用する場合、ＩＦＡから提案された金融商品を、そのＩＦＡが提携している証券会社で購入することになります**。その際、投資家が証券会社に払った手数料の一部を、証券会社がＩＦＡに報酬として支払うのです。

ＩＦＡの収益源には他に、「生命保険販売業務」、「預かり資産に応じた報酬（フィー）」と「コンサルティング業務（顧問料、相談料）」などがあります。

証券の仲介手数料よりも「預かり資産残高に応じた報酬（フィー）」のほうが中立的ではないかという考えもあり、「投資助言業」というサービスを提供している業者もいますが、まだ日本では残高に応じて手数料がかかるという仕組みは馴染みがないのが現状です。

ファンドラップが現状では唯一、ある程度認知されている残高フィー(手数料)のモデルです。私見ですが、これは預けている資金の中から手数料が差し引かれるので、「支払っている」という負担を感じづらい心理が働いているのではないでしょうか。実際にはファンドラップは、組み込まれている投資信託等の信託報酬がかかり、それとは別に毎年1%程度の投資顧問料・取引等管理手数料を支払う仕組みです。合計の年間手数料は2～3%となることが多いようです。

もしも、手数料がファンドラップの契約残高から差し引かれるのではなく、追加で料金を支払う形だったら、解約してしまう人も多いように思えます。

将来的には日本でも残高フィーモデルが中心となっていく可能性がありますが、そのためにはアドバイザー業務を行う会社が効率的に業務運営を行うことの他に、投資家が納得しやすい明確な料金体系やサービス内容の提示が必要になるでしょう。

私としては、残高フィーモデルを実現するためには、現状の金融サービスでは不足だと考えています。投資信託なども運用・資産管理は運用会社が担っており、担当者ベースでできることには限りがあります。ただ残高を管理するだけで一定の手数料を受け取ることは、お客様にご納得いただけるか疑問です。

例えば、税理士の場合、法人なら月次決算などの必要があり、毎月数万円の報酬と決算時などの必要に応じて追加で報酬を支払っていますが、個人なら必要な時（相続や複雑な確定申告など）に利用して、その都度報酬を支払うのが一般的でしょう。

ＩＦＡも現状では取引があるごとに、お客様から手数料をいただくほうが健全だと思います。もちろん自分で資産を管理できる方には、そもそもアドバイザーは必要ないでしょう。

ＩＦＡも、単に販売するだけのサービスなら不要の存在です。 長期的にお客様の資産運用・管理をサポートし、そのための証券・保険・不動産・税制など幅広い知識を身につけている必要があります。さらに必要に応じて専門家（税理士や弁護士など）と連携することでお客様のニーズに応えられなければいけません。

個人の金融リテラシーが年々上がっている以上、ＩＦＡはそれ以上のサービスを提供し続けなければ、お客様が離れていってしまいます。

○ＦＰとは何が違うの？

お金の相談というとＦＰ（ファイナンシャルプランナー）もよく知られています。**ＦＰはどちらかというとライフプランの設計とアドバイスが中心**で、保険販売を収入のメインとしている方が多くいます。**ＦＰでもＩＦＡとして活動する方はいらっしゃいますが、運用に関してはＮＩＳＡやｉＤｅＣｏの推奨など、資産形成の提案がメインのようです**。多種多様な金融商品や相場に関する知見という点では、日々相場を見続けて資産運用の提案をし続けている証券会社に一日の長があるように思えます。

ただし、ＦＰには、会社の規模や収入を増やすことよりも、国や金融機関の手の届かない人々へのサポートや金融リテラシー向上のために活動されている方がたくさんいます。つまり自分の状況に合った金融サービスやアドバイスを提供する専門家を相談相手に選ぶのがよいと思います。

○注意すべきＩＦＡについて

現時点では**ＩＦＡといっても玉石混交の状態**です。金融機関を選ぶのと同じように、ＩＦＡについてもしっかりした相手を選ばなければなりません。例えば個人で活動するＩＦＡの場合、手数料を自分で稼がなければ収入がないため、**不要な保険提案や商品の無用な回転売買を勧めていないとも限りません**。

自分に合った**ＩＦＡを見分けるポイントの一つは、直前の経歴**です。何を専門にしてきたかによって、ＩＦＡとしての提案の仕方もタイプが様々に分かれます。

ＱＵＩＣＫが行った調査を見てみましょう。直前の経歴では、証券会社が42・0％

で断然多くなっています。投資家の相談に応じて具体的な金融商品を勧めるには、金融商品の知識とともに、運用した経験の有無が大切になるためです。

証券会社出身のほかは、保険代理店、税務・会計事務所、生命保険会社、FP（ファイナンシャルプランナー）と続きます。

では、例えば元証券会社のIFAと、元FPのIFAでは、どのように違うのでしょうか？

FP系のIFAはライフプランの提案と保険の見直しを得意とする方が多いようです。一方、**証券会社の営業担当出身は、金融商品や相場のことは詳しいのですが、ライフプラン系の知識がやや弱い傾向があります。**

もう一点、注意していただきたいことがあります。

最近は、数十名から場合によっては100名を超えるIFAが所属する企業が登場しており、中には上場するケースもあります。

こうした大きな企業組織になると、事務所経費や人件費などの固定費負担が重くなり、IFAの行動にバイアスがかかるのではないかと個人的には危惧しています。

特に多くのIFAは正社員ではなく、業務委託社員としてIFA法人に所属しています。その場合は、毎月お客様からの手数料の一部が報酬として支払われることになるので、余裕がないIFA個人が手数料稼ぎに走ったり、回転売買をするために株式取引や仕組債（その中でも株式指数や個別銘柄の株価によって条件が変わるもの）を中心に提案してくることが予想されます。

ハイリスク・ハイリターンの投資はお客様の資産を大きく増やすことができる可能性がある反面、減らす危険性も高いのが事実です。しかし、提案する側は手数料を受け取っているだけで、損をすることはありません。

本当にニーズがあり、投資に納得している方ならよいのですが、担当者に任せきりになっているケースも散見されますので、注意しておきましょう。

これからの時代は、アドバイザーとして幅広い知識と実務経験を兼ね備えた質の高い金融サービスを提供するＩＦＡが求められています。

ＩＦＡは本来、シンプルなビジネスモデルであり、金融機関などと比べて会社の経営コストも安いのが特徴です。従来の金融機関だけではなく、資産運用の新しい相談先としてＩＦＡという選択肢をぜひ、上手に活用していただきたいと思います。

第5章

ポイントまとめ

- 銀行、証券会社、保険会社は従来のビジネスが行き詰まり、商品提案による手数料収入に依存するようになっている
- 金融機関に資産運用を任せるのではなく、投資家も一定の金融リテラシーが必要になると金融庁も指摘している
- 資産運用の新たな相談先としてIFAが普及し始めている
- IFAは金融機関から独立しているので、投資家の視点に立った提案が可能
- IFAそれぞれの得意分野は、過去の経歴を見ればわかる

おわりに

２０１９年6月に公表された金融庁金融審議会の報告書『高齢社会における資産形成・管理』が「２０００万円問題」として大騒ぎになりました。

これは夫65歳以上、妻60歳以上の無職夫婦の場合、年金収入が月約21万円なのに対し支出が約26万円で、5万円ほどの赤字になっているという前提に基づくものです。

残りの人生を30年と仮定すれば、貯蓄を約２０００万円取り崩す必要があることになります。その結果、年金制度への不安や批判が拡大し、「２０００万円問題」と呼ばれるきっかけになりました。

しかし、老後の生活資金について「誰もが２０００万円不足する」というのは誤解です。老後の生活（資金）に対する多くの国民の漠然とした不安心理が背景にあったため、これほど盛り上がったのだと思われます。結局は一人ひとりの人生が違うように、必要なお金も人それぞれです。

確かに日本人の寿命は年々、延びており、「人生100年時代」はすぐそこまで来ています。そして、現役時代に蓄えた貯蓄を運用し、老後に備えることが必要になってきています。

金融庁も、家計が中長期的な資産形成を実現していくことを重視しており、そのためには「貯蓄から投資へ」の推進が欠かせないとしています。

問題は、どのようにして推進するかです。金融庁によれば、一つは「幅広い世代における金融リテラシー」を向上させること。もう一つは「金融機関における顧客本位の業務運営と見える化」をはかることが鍵を握るとしています。

そういう観点からすると、いまの金融業界のあり方、とりわけ金融商品のメニューと販売方法はこれから大きく変わっていくことになるでしょう。

ただし、これはこれから資産形成を行っていく現役世代の話です。

実際に「老後資金2000万円問題」に敏感に反応したのは若い世代でした。

国民年金基金連合会によると、２０１９年7月末のｉＤｅＣｏ（個人型確定拠出年金）の加入者数は、前年同月比３４％増の１３１万人余りとなり、7月も同８・５％増となったそうです。

若い世代の利用が多いオンライン証券各社はもっと多く、6月、7月は5月に比べて１・５倍程度になったようです。

人生１００年時代を考えて「資産が足りないことへの備え」として資産形成への機運は高まっていることは間違いありません。

現役時代は教育費やマイホームのローンなど様々なお金が必要になります。退職後に備えた準備も早くから始めたほうがよいでしょう。

一方、シニア世代になると子どもはおおむねすでに独立し、マイホームのローンも返済が済んでいる人が多くなります。日々の生活での大きな支出の種類は、現役時代より減るのが一般的です。

同時に、退職金を受け取ったり、親の相続でまとまった資産を引き継いだりすることが増えます。シニアになると、仕事も家族関係も家計も、生活の風景すべてが大きく変わります。昨今では定年後も継続雇用で働く人が増えていますが、その場合でも現役期に比べれば、落ち着いた時間の流れの中で、健康で心豊かに生きることが大切になっていくのではないかと思います。

そうした生活を支えるのが、手元にあるまとまったお金による「資産運用」です。その場合も、運用にあてるのは基本的に余裕資金であるべきです。まとまった支出の予定が減った分、家計の余裕資金は増えると思われますが、一定の資金はすぐ引き出せるようにやはり預金として確保しておくほうがいいでしょう。

例えば、前にも触れましたが、シニア世代以降でも外壁の塗装や室内のバリアフリー化などのリフォーム、さらには自分や配偶者が要介護状態になったとき、質の高い介護施設を利用するための費用なども想定されます。いずれは相続対策も考える必要があります。

「資産運用」はそうした状況を想定して計画することが大切だと思います。

シニア世代のみなさんは長い時間をかけて資産を築いたり、大切な方から資産を引き継いだりしていることと思います。その大切な資産を上手く生かして、豊かで経済的な不安のない人生を楽しむため、「資産運用」を上手に進めていただくことを願っています。

西崎 努（にしざき・つとむ）

リーファス株式会社　代表取締役社長。

2007年に日興コーディアル証券（現SMBC日興証券）に入社、CFP資格も保有する全国トップセールスとして活躍し、シンガポール・ロンドンでの海外研修も経験。帰国後は新規・既存の上場会社や不動産投資法人（REIT）の新規公開・公募増資等の株式引受業務に従事する。2017年4月に独立し、リーファス株式会社を設立。同年10月に金融商品仲介業の登録を受ける。

金融商品の仕組みはもちろん、運用実務、大手銀行や証券会社の販売手法まで熟知したアドバイスが好評。「貯蓄だけだと老後が不安」「退職金の使い方に悩んでいる」「金融機関で勧められた商品で失敗した」という人たちの駆け込み寺として、リタイア期前後や高齢期の投資家を中心に相談が殺到。無駄と不安をなくす投資の見直しで多くのシニア世代のお金を守り、預かり資産は4年で90億円を超える。仕組みがわかりにくい金融商品、コストが割高な商品が売れすぎる日本の現状を問題視し、本当に安心して老後資金を守るための情報発信を続けている。

日本最大級の投資情報サイトである楽天証券メディア「トウシル」では、「やってはいけない資産形成」「1万円で買える米国株式」のテーマで毎月連載、トウシルYouTubeにもレギュラー出演をしている。

社名のリーファス（ReFAs）は金融業界でリテール（Retail）と呼ばれる個人向けに特化した生涯の資産パートナー達（Financial Advisors）の集まりを表している。

<公式ホームページ>
https://refas.co.jp/

老後資産の一番安全な運用方法
シニア投資入門

発行日　2021年10月1日　第1刷

著者　西崎努

本書プロジェクトチーム
編集統括　柿内尚文
編集担当　中山景
デザイン　山之口正和、沢田幸平（OKIKATA）
編集協力　古井一匡
校正　荒井よし子
DTP　藤田ひかる（ユニオンワークス）

営業統括　丸山敏生
営業推進　増尾友裕、綱脇愛、大原桂子、桐山敦子、
矢部愛、寺内未来子
販売促進　池田孝一郎、石井耕平、熊切絵理、菊山清佳、
吉村寿美子、矢橋寛子、遠藤真知子、森田真紀、
高垣知子、氏家和佳子
プロモーション　山田美恵、藤野茉友、林屋成一郎

編集　小林英史、舘瑞恵、栗田亘、村上芳子、大住兼正、
菊地貴広
講演・マネジメント事業　斎藤和佳、志水公美
メディア開発　池田剛、中村悟志、長野太介、多湖元毅
管理部　八木宏之、早坂裕子、生越こずえ、名児耶美咲、金井昭彦
マネジメント　坂下毅
発行人　高橋克佳

発行所　株式会社アスコム

〒105-0003
東京都港区西新橋2-23-1　3東洋海事ビル
編集部　TEL：03-5425-6627
営業局　TEL：03-5425-6626　FAX：03-5425-6770

印刷・製本　中央精版印刷株式会社

Printed in Japan ISBN 978-4-7762-1165-5

本書は、2019年12月に弊社より刊行された『老後の大切なお金の一番安全な増やし方
シニア投資』を改題し、加筆修正したものです。